유럽
낙태
여행

KB065225

유럽
낙태
여행

Journey for Life

우유니 이두루 이민경 정혜윤

봄알람

차례

여는 글

도대체 어쩌다 섣불리

도대체 무슨 생각으로 시작했는지 모를 우리의 여행은 어쩌다
떠올랐으며 섣불리 결정되었다. 봄알람 여름휴가 마지막 날이던
2017년 8월의 어느 밤, 호랑이가 그려진 보드카를 나누어 마시던
블라디보스토크에서.

저렴한 에어비앤비 숙소에 틀어박혀 이전 책을 마무리한
후, 블라디보스토크에서의 마지막 밤을 위해 희고 빛나는
웅장한 외관을 가진 호텔로 이동했다. 숙소 예약 사이트에서
보기로는 그랬다는 뜻이다. 저렴한 가격에 신나서 예약을
했었는데, 결과적으로 사진보다는 가격이 믿을 만했다. 사기를
당했다고밖에는 표현할 수 없었다. 폐건물에 가까운 외관에
내부도 충격적으로 낡아 입구를 찾는 데조차 애를 먹었다. 어쨌든
그 허름한 호텔 방에서 봄알람의 '유럽 낙태 여행'은 시작됐다.
다음에는 화산섬을 보러 가자던 실없는 한마디가 눈 깜짝할
사이에 유럽 각지를 한 달간 여행하는 장대한 프로젝트 구상으로
탈바꿈했으니 말이다.

휴가 겸 워크숍이었던 블라디보스토크 여행에서 우리는
봄알람의 네 번째 책『생각하는 여자는 괴물과 함께 잠을 잔다』를
인쇄소에 넘기고 다섯 번째 책『잃어버린 임금을 찾아서』를
탈고했다. 여기서의 우리란 페미니즘 출판사 봄알람을 이루는
네 팀원 우유니, 이두루, 이민경, 정혜윤이다. 넷은 2016년 5월
17일 있었던 강남역 살인 사건 나흘 뒤인 5월 21일 얼떨결에 모여

『우리에겐 언어가 필요하다: 입이 트이는 페미니즘』이라는 책을
함께 출판하기로 했다. 그리고 책이 나온 뒤에도 어쩐지 계속
활동을 이어가고 있다. 넷이서 출판사 봄알람이 된 뒤에도 대개는
즉흥적으로 다음 활동을 결정했고 거창한 목표나 규칙을 세우지
않았다. 다만 친구이자 동료로서 많은 이야기를 나누는 동안,
현실에 즉각적으로 개입하여 여성의 삶을 바꾸어낼 수 있는 시도를
하자는 데에만은 암묵적이지만 단단한 합의가 만들어졌다. 네
번째 책 출간을 앞두고 있던 작년 여름도 마찬가지다. 막 탈고한
『잃어버린 임금을 찾아서』로 임금공시제 도입 논의를 확대하고
나아가 여성이 받는 경제적 불이익을 해소할 수 있기를 바라며
의지가 충만하던 참이기도 했다. 봄알람이 만들어지고 지속되어온
방식이나 네 구성원이 합의한 바를 생각하면, 얼떨결에 유럽 낙태
여행을 결정한 것도 얼마간은 자연스러운 일이었다.

왜 낙태 여행?

현재 한국에서 임신 중단, 흔한 표현으로 '낙태'는 대부분의 경우에
불법이다.[1] 그런 가운데 2016년 9월 보건복지부는 임신 중절
수술을 한 의사에 대한 처벌을 강화하겠다는 의료법 개정안을
내놓았고 이에 페미니스트들은 낙태죄 폐지를 외치며 검은 시위를
진행했다. 이때 처음으로 낙태를 주제로 열린 집회들에 참석하면서,
근시일 내에 낙태죄를 폐지하고 여성의 임신 중단권을 법제화하기

위한 운동이 본격화되리라고 예감했다. 그러나 운동의 불길은
쉽게 커지지 않았다. 의료계 통계에 따르면 한국은 하루 약
3000명의 여성이 임신 중절 수술을 받는다고 할 만큼 낙태가 많이
이루어지는 나라다.[2] 그러나 낙태는 불법이므로 대부분의 수술이
법의 보장 바깥에서 비밀리에 이루어지고 이에 따른 신체적 위험
부담과 금전적 부담, 죄의식을 떠안고 살아가는 것은 임신 중단을
결정한 이 수많은 여성이다. 건물 로비부터 방 안의 수도꼭지까지,
웃음이 터질 정도로 허름했던 블라디보스토크의 호텔 방에서
갑작스럽게 "유럽에 가서 낙태 활동가들을 만나고 책을 내자"는
결정을 하게 된 배경에는 이런 현실이 있었다.
　　처음에는 그저 여름휴가가 끝났으니 겨울에도 어딘가에
가자는 이야기였다. 술잔을 비우며 아무렇게나 말을 보태다
시칠리아 섬이 유력하게 떠올랐고, 그다음이 "그럼 유럽 가는 김에
레베카 곰퍼츠를 만나자"였다. 레베카 곰퍼츠는 낙태권과 관련해
전 세계적 활동을 펼쳐온 네덜란드의 단체 '위민 온 웨이브(Women
on Waves)'의 수장이다. 그렇다면 곰퍼츠도 만나고 아예 여러
나라의 낙태권 활동가들을 만나 인터뷰를 해서 책으로 내자.
순식간에 이야기가 그렇게 됐다. 오 분 전까지만 해도 다음 휴가
계획을 짜고 있었는데 어느새 다음 기획에 대한 얘기였고 체감상
10초 안에 만장일치로 결정이 됐다. 한목소리로 '좋다'고 하자마자
춤부터 췄다. 그러고는 바로 유럽 어느 나라에 뭐가 있더라,
피상적으로나마 아는 것을 더듬었다.

일단 여성의 재생산권과 관련해 우리가 아는 가장 유명한 활동가 레베카 곰퍼츠와 위민 온 웨이브가 있는 네덜란드. 그리고 68혁명 직후 유명 여성들의 343선언으로 낙태 합법화를 쟁취해낸 프랑스. 여성의 재생산권이 매우 열악한 상황에 처해 있으며 한창 투쟁이 벌어지는 중이었던 아일랜드, 2016년 한국의 '검은 시위'에 영감을 준 대규모 검은 시위의 본고장 폴란드. 그리고 「4개월, 3주... 그리고 2일」이라는 영화로 기억하는 루마니아다. 낙태가 금지된 국가에서 여성이 어떤 일들을 겪게 되는지를 충격적으로 보여줬던 이 영화에 대한 흐릿한 기억에 루마니아가 가혹한 출산 정책으로 끔찍한 상황을 겪은 나라라는 정보를 더했다. 그렇게 여행할 나라가 정해졌다.

다시 한 번, 현재 한국에서 낙태는 불법이다. 그럼에도 실제로 수많은 여성이 낙태를 하고 있다. 한국여성정책연구원 설문조사에 따르면 16~44세 가임기 여성 2006명 중 5명에 1명꼴(21.0%)인 422명이 임신 중단을 경험했다고 답했다. 이에 비해 실제로 낙태죄에 의해 처분을 받은 사례는 해마다 연 평균 한두 자릿수에 그쳐, 사실상 사문화된 법으로 평가된다.[3] 낙태죄의 존속은 낙태를 막지 못하며, 단지 더 비싸고 위험하게 낙태를 하게 만들 뿐이다. 이러한 현실적 문제를 좀 더 피부로 느끼고 함께 바꿔나가기 위해서는 무엇이 필요할까? 여기서 우리는 '여성이 합법적으로 임신 중단을 선택할 권리'를 위한 운동에 불을 지펴줄 새로운 이야기들을 책으로 담아내보기로 했다. 그리고 좀 더 쉽게, 널리 읽히기를 바라는 마음으로 임신 중단 권리에 관한 설명서나 단순한 인터뷰집보다는 낙태 문제에 관해 과거와 현재, 미래가 공존하는 유럽 대륙을 가로지르는 여행기 방식을 택했다.

레베카 곰퍼츠는 낙태가 불법인 나라의 여성들에게 낙태약을 전해주기 위해 배를 탔고 현재에 이르기까지 십수 년간 전 세계 여성의 임신 중단권을 위해 싸우고 있다. 그리고 여행 이전엔 잘 알지 못했지만 다른 여러 나라의 활동가들도 국적을 떠나 연대하고 있었다. 유럽연합 안에서 국경을 맞대고 있어도 어느 나라는 수십 년 전에 낙태가 합법화된 반면 어느 나라는 낙태가 여전히 불법이며 법적 규제를 더욱 강화하려는 움직임과 싸우고 있다. "유럽 낙태 여행"이라는 기획은 동일한 시점에 낙태라는 이슈에 관해선 저마다 전혀 다른 시간을 살고 있는 유럽이라는 대륙이 여행에 적합하다는 단순한 이유로 확정되었지만, 기획을 진전시키면서 우리는 낙태 수술을 받기 위해 지금도 생사를 걸고 타지로 여행하는 수많은 여성을 떠올렸다. 우리가 방문한 유럽 안에서도 가장 강한 낙태 규제법을 가진 아일랜드와 폴란드의 여성들은 실제로 합법적 수술을 받을 수 있는 이웃나라인 영국, 독일, 슬로바키아 등지로 여행한다. 그러니 이 기획과 '유럽 낙태 여행'이라는 제목은 그 자체로 자신의 삶을 지키기 위해 삶을 거는 용감한 여성들에게 표하는 경의임을 밝혀둔다. 서로 다른 법에 묶인 채 위험을 무릅쓰는 여성들을 구하기 위해 국경을 넘어 연대하고 싸우는 여성들과 우리가 또 다른 접점을 만든다면, 그리고 그 이야기가

한국 사회에서 변화를 만드는 또 다른 여성들과 만난다면. 연대는
확장되고 여성의 자유에 대한 이 근원적이고도 지독한 억압이
사라지는 날을 하루라도 당길 수 있을 것이다.

정말로, 간다. 유럽에.

"유럽 낙태권 활동가들을 만나자."

다시 기획의 처음으로 돌아온다. 당장에 "어떻게?"라는 질문이
뒤따랐다. 하자고 결정해놓고 막막했던 건 사실이지만, 허황된
말도 말로만 남기지 않는다면 엉성할지언정 어쨌거나 현실이 될
여지가 있다. 우리는 각각 담당할 나라를 나누어서 낙태권 운동
관련 단체에 연락을 해보기로 했다. 큰 기대는 하지 않았지만,
얻을 게 확실치 않은 만큼 잃을 것도 없으니 메일을 보내지 않을
이유가 없었다. 엉성하게 구글에 국가명과 페미니즘을 조합해
검색하면서 연락할 곳을 물색하거나 알고 있는 단체들에 메일을
보냈다. "안녕하세요, 우리는 한국의 페미니스트 출판사인……"으로
시작하는 메일을 여러 언어로, 발송. 버튼을 누르고 나서도 걱정이
없지 않았다. 정말 엉성한 인터뷰 제안이다. 받고 어이없어하면
어떡하지? 답장 하나도 안 와도 상처받지 말자. 서로 그렇게
얘기했다. 그리고 그다음 날부터 며칠 간격을 두고 차례로, 한 곳을
제외한 모든 단체에서 회신이 왔다. 답은 전부 같았다. 환영한다,
기쁘게 당신들을 만나겠다.

그렇게 조금씩 구체적인 일정이 만들어졌다. 총 여행 기간은 약 한 달. 프랑스의 '플라닝 파밀리알(Planning familial)', 네덜란드의 '위민 온 웨이브', 아일랜드의 '로자(Rosa)' '아크(ARC)'와 루마니아의 '프론트(Front)', 폴란드의 '라젬(Razem)'을 만나러 우리는 정말로 유럽에 가게 되었다. 각자의 일과 하반기에 예정됐던 봄알람의 신작 출간 작업을 하는 한편으로 각 나라의 낙태 관련 현황을 온라인으로 알아보고, 활동가들에게 묻고 싶은 내용을 국가별로 정리해 질문지를 작성했다. 그리고 더 이상 미룰 수 없을 때 황급히 비행기 표를 예매했다. 도착지인 프랑스 말고는 숙소도 정하지 않았고, 정확한 인터뷰 일자를 정하지 못한 나라가 있어서 유럽 안에서 이동할 때의 교통편도 예매하지 않은 채였다.

그러다 보니 어느새 인천공항에 와 있었다. 혜윤은 아일랜드에 먼저 가서 3주간 어학연수를 하던 중이라, 유니, 두루, 민경 셋만이 여느 때처럼 피곤한 얼굴로 출국장에 모였다.

"기대돼?"

"아니."

"나도. 걱정돼?"

"약간."

"나도."

셋 모두 설레기보다는 얼떨떨한, 흥분과 기대보다는 어떻게 되려나, 어떻게든 되겠지, 하는 마음인 것이 같아서 결국 마주보고 어이없다는 듯 웃었다.

떠날 때 한국은 그 어느 때보다도 심한 한파가 휘몰아치던
와중이었다. 마트에서 팔려고 내놓은 모든 액체가 얼어붙었고
급기야 바다가 파도 모양대로 얼어붙은 사진이 온라인에
돌아다녔다. 공항으로 오는 동안도 지독하다는 말이 어울리는
추위를 뚫어야 했다. 며칠간의 혹한에 질린 우리가 앞으로 시작될
여행에 대해 확신할 수 있는 유일한 사실은 일단 파리는 여기보다
따뜻하리라는 것이었다.
　　터덜터덜 공항으로 향했지만 비행기 안에서는 그래도 앞으로의
여행을 대략적으로 그려보았다. 아일랜드와 폴란드는 격렬한
투쟁이 이루어지는 현재를 사는 중이고, 파리는 투쟁이 승리로
끝난 과거를, 루마니아는 참혹한 과거를 갖고 있으며 네덜란드는
모두가 원하는 미래를 이미 거머쥔 채 다른 국가들의 투쟁에
연대하는 입장이겠다. 이 중 어떤 생각들은 완전히 틀렸음을 곧
알게 되지만, 이제 우선 모스크바로 가서 환승 비행기를 타고
파리에 도착하면 정말로 시작이다.
　　물론 생각대로 풀리진 않았다. 인천에서 비행기가 두 시간
늦게 이륙해 환승 비행기를 놓쳤고, 모스크바 공항에서 받은
교환 표는 다음날 아침 편이었다. 그리하여 우리의 첫날 밤은
파리가 아닌 모스크바가 되었다. 한국의 한파를 겨우 떠나 도착한
1월의 모스크바는 당연한 말이지만 매우 추웠다. 그렇게 우리가
이번 여행에 가졌던 유일한 확신은 러시아의 칼바람 속에 유유히
사라졌다. 어쨌든, 시작이다.

1장
프랑스
France

여성의 권리가
온전히 얻어진 곳은
지구상 어디에도 없다

수도	파리(Paris)
낙태 허용	임신 12주까지 가능
낙태 처벌	12주 지나서 낙태할 시 의료인에게 징역 2년 혹은 벌금 3만 유로
합법화 시기	1975년
주 낙태 방법	약물
특이사항	68혁명 이후 343선언을 비롯한 페미니스트의 투쟁으로 합법화 쟁취

여행의 묘미

여행의 첫날 밤을 모스크바에서 보내게 될 줄은 몰랐는데.
하루 늦었지만 어쨌든 파리에 도착했다. 착륙해서 짐을 찾은
우리는 프랑스 역이나 공항 어디에서나 찾아볼 수 있는 매점
릴레이(RELAY)에 들어갔다. 유심칩을 사 오라는 혜윤의 당부가
있었기 때문이다. 그리고 카운터에서 가격을 듣자마자 한국에서 사
왔어야 했다는 걸 깨달았다. 그제야 긴장이 되었다. 어지간히 준비
없이 오긴 했구나. 괜찮을까? 답을 고민하기에는 이미 너무 멀리
와버렸다. 우선 와이파이만으로 살아보자 하고 가게를 나왔다.

표지판에 의지해 지하철 탈 곳을 찾았다. 공항 안에는
군인들이 총을 들고 다녔다. 불안하고 낯선 마음에, 아시아
여성인 우리가 저들을 도발한다면 가차 없이 죽으리라는 실없는
생각이 들었다. 그래도 다행히 우리 중엔 민경이 있다. 프랑스
어학연수 경험이 있으며 불어 통번역대 석사! 유심칩보다 100배는
믿음직스럽다. 믿음직스러운 민경의 가이드를 따라 파리 시내
교통패스 중에서 가장 저렴한 나비고 일주일권을 사고 그 위에
부착할 즉석 사진을 찍었다.(다만 사진은 민경의 가이드를
따랐더니 실패했다.) 셋 다 별 말은 안했지만 파리 공항을 나서기도
전에 이미 기력이 바닥난 상태였다. 장시간 비행 후 모스크바에서
캐리어도 없이 갑작스레 하루를 자는 둥 마는 둥 지샌 뒤 새벽같이
다시 비행기를 탔으니까. 여벌 옷과 대부분의 짐은 전부 파리에서
찾은 캐리어에 들어 있었기에 이틀 전 한국을 떠날 때 입은 옷을

그대로 입고 터덜터덜 파리 중심부로 가는 급행을 탔다.

숙소가 있는 지하철역에서 지상으로 나와 곁에 선 중년
여성에게 길을 물었다. 파란 털모자를 쓴 금발 여성은 프랑스어를
이해하지 못하는 듯 고개를 저었다. 신호를 건너고, 길을 뱅뱅 돌다,
다른 사람에게 길을 물어 또 다른 신호를 건너려는데 아까 본 파란
털모자의 여성이 우리와 함께 길을 건넜다. 재미있는 우연이었다.
여행의 묘미는 이런 우연에 있지. 그리고 잠시 뒤 두루가 말했다.

"저 사람 내 가방에 손 집어넣었어."

여자는 소매치기였다. 가방에 뭔가 닿는 낌새를 채고 돌아보니
여자는 바로 단념한 듯 빈손을 꺼내 들어 보여주고, 웃으며 길
건너로 빠르게 사라졌다. 우연은 무슨, 커다란 캐리어를 끌고
두리번대는 아시아인 세 명이란 너무나 적절한 타깃이었을 것이다.
여행의 묘미는 다른 데서 찾아보기로 했다.

드디어, 숙소에 먼저 와 있던 혜윤과 상봉했다. 에어비앤비로
예약한 숙소는 쾌적해 보였다. 파리의 혹독한 물가를 생각하면
저렴한 가격에 깨끗하고 넓었다. 먼 길과 우여곡절에 지친 셋은
겨우 한시름 놓고 평소처럼 웃고 떠들었다.

"역시 숙소가 좋아야 여행이 좋은 법이야!"

우선 간단한 회의를 하자며 둘러앉아 노트북 콘센트를
꽂자마자 펑, 하고 전기가 나가버릴 줄 모르고 한 말이었다. 바로
호스트에게 메일을 보냈다. 다행히 친절하게 금방 답장이 왔다.

"아파트 안에 있는 두꺼비집을 찾아."

"아파트 안이라는 게 정확히 어딜 말하는 거야? 복도에 계량기 같은 게 돌아가는데, 이거니?"

"아니, 아파트 안에 있다고."

"혹시 대문 옆을 말하는 거야? 여기 두꺼비집은 없는데. 이 집 안을 말하는 거야, 건물을 말하는 거야?"

"너 정말 말을 못 알아듣는구나."

'친절하게'는 취소다.

호스트는 불친절했다. 에어비앤비 고객 팀과 연락을 주고받으며 한참을 헤매고 나서야 두꺼비집을 찾았다. 현관의 벽장 안쪽에, 감쪽같이 벽 색깔로 칠해진 뚜껑을 여니 거기에 있었다. 다행히 몇 번 만지자 전기는 다시 들어왔다. 아파트를 몇 번씩 오르내리며 복도며 외벽을 수색하던 해프닝이 드디어 끝났다.

끝났다고 생각했다. 장을 보고 돌아와 전기가 다시 나갔다는 걸 알기 전까지는. 전기가 나가자 라디에이터도 당연히 작동을 멈췄다. 이번에는 두꺼비집을 건드려도 소용이 없었고, 촛불과 남은 노트북 전원에 의지해 내일의 미팅 준비를 했다. 호스트는 더 이상 답장도 하지 않는 가운데, 그래도 좀 기다리면 전기는 돌아오겠지 했다. 지금 생각해보면 다들 꽤 낙관적이었다. 온수마저 세 명 분의 샤워만을 허락하고 끊기기 전까지는. 다음날 아침, 냉한 방에서 이불에 점퍼를 덮어쓴 채 일어난 네 명 중 나중에 씻겠다고 빈둥대던 마지막 한 사람은 찬물로 씻은 뒤 악몽 같은 숙소를 떠나 첫 번째 인터뷰 장소로 향했다. 페미니스트 단체

플라닝 파밀리알(Planning familial, 가족계획)의 활동가 마르틴이
사무실에서 우리를 기다리고 있었다.

어둠 속의 식사

자유, 평등, 섹슈얼리티

여행의 출발지를 프랑스 파리로 정한 건 국제선이 많아서 편하다는 이유도 있었지만, 무엇보다 여성들이 낙태권 투쟁을 열렬히 전개해 결국 승리를 거머쥔 과거를 가진 나라이기 때문이었다. 우리는 모두 비전문가로 세계의 낙태권 투쟁 역사에 대해 무지했지만, 프랑스 지식인 여성 343명이 '나는 낙태했다'라며 연서명을 발표한 343선언에 대해서만큼은 알고 있었다. 특히 이번 여행을 결정했던 지난 여름은 시몬 베유가 타계한 지 얼마 되지 않은 때였다. 시몬 베유는 343선언과 더불어 1970년대 프랑스에서 낙태 합법화 법안이 통과되는 데 지대한 공헌을 한 인물이다. 해당 법안이 그의

파리의 파밀리얼 플래닝 센터에 게시판에 붙어 있는 사진과 포스터들

이름을 따 베유법이라고 불리는 것만 보아도 그가 이 운동에서
얼마나 큰 역할을 했는지 짐작할 수 있다. 그의 장례가 국장으로
치러질뿐더러, 국가의 위인들에게만 허락되는 국립묘지인 팡테옹에
안장된다는 소식도 잇따라 들려왔다. 여기서 호기심을 자극한 것은
베유 개인의 삶보다도 그를 대하는 프랑스라는 국가의 태도였다.
낙태권 투쟁에 힘쓴 여성이 국가를 대표하는 위인으로 추대되는
나라라면, 출발지로 삼을 만하지 않을까.

　　그런데 여행의 시작을 프랑스로 정하고 이 나라에 대해
알아볼수록 자유롭고 개방적이며 활발한 여성운동 역사를 가진
곳이라는 인상이 자꾸 뒤집혔다. 오히려 프랑스는 1940년대
초까지만 해도 낙태한 여성이나 낙태를 도운 이를 실제로 사형에
처했던, 매우 가부장적인 나라였다. 마리루이즈 지로는 1943년 7월
30일에 27건의 불법 낙태를 도운 죄로 단두대에서 처형당한 마지막
여성이다. 그렇다면 30년 남짓한 시간 동안 대체 어떤 일이 있었기에
사형죄였던 낙태가 합법적인 일이 되었을까. 한 국가가 낙태를 도운
이를 단두대에서 처형하던 과거와 낙태권을 위해 싸운 정치가의
장례를 국장으로 거행하는 현재를 동시에 가진다면, 우리에게도
희망은 있을 것이다. 누가 어떻게 그 변화를 만든 것일까. 들뜬
마음으로 플라닝 파밀리알의 문을 두드렸다. 문에는 프랑스 혁명의
3대 정신인 '자유, 평등, 형제애(liberté, égalité, fraternité)'를
비틀어 '자유, 평등, 섹슈얼리티(liberté, égalité, sexualité)'라고
적은 포스터가 붙어 있었다.

마르틴은 우리를 반갑게 맞아주었다. 한국에서 페미니즘 출판을 하는 페미니스트라고 소개하자 그는 한국의 페미니즘이 어떤 상황인지 궁금해했다. 성평등을 위한 제도적인 기반은 존재하지만 제대로 실행되지 않으며 실질적 평등은 멀었다고 말하자 프랑스 역시 과거의 투쟁으로 만들어낸 제도가 제대로 실시되지 않고, 남성 중심적인 사고방식이 그대로 남아 있다고 말했다. 이런 문제를 해결하기 위해 플라닝 파밀리알에서는 학생들을 대상으로 성별 고정관념을 없애는 교육을 실시하고 있다.

"마침 여러분이 오기 전에도 바로 여기서 중학생들 성교육이 있었어요."

그 말을 듣고 둘러보니 여러 교육용 자료와 족자가 나와 있는 것이 보였다.

마르틴은 한국의 상황에 궁금한 것이 많았다. 플라닝 파밀리알이 하는 일들에 대해 우리가 질문을 하면 금세 '한국은 어떻냐'고 되물었다. 지금 생각하면 대체 무엇이 우리를 연고도 없는 이 먼 곳까지 오게 했는지 궁금했던 것 같다. 그렇게 한동안 두 나라의 성평등 현주소나 페미니스트로서의 생각 같은 이야기를 나눴다. 분위기가 조금 편해지자 마르틴은 우리에게 한국의 페미니스트들도 입장에 따라 많이 싸우냐며, 최근 그의 고민을 들려주기도 했다. 그는 유럽 다른 여성 단체와 함께 한 달여 남은 여성의 날을 대대적으로 준비하던 참이었는데, 이런 저런 갈등이 있는 모양이었다. 대표적으로 현재 프랑스에서는 반성매매 진영과 성 노동을 지지하는 진영 사이의 대립이 심해서 이들끼리는 여성의 날 준비마저도 따로 하는 형국이라고 한다. 수많은 동유럽 및 나이지리아 여성이 인신매매를 당해 프랑스에서 성 판매를 강요당하고 있다. "방금 당신들이 여기까지 오는 길에도 분명 마주쳤을 것"이라고 마르틴은 말했다. 마약보다 돈이 되는 '장사'인 여성 인신매매는 현재 프랑스가 마주한 큰 문제 중 하나다.

마르틴의 호기심에 부응해 한국의 페미니즘 운동과 성별임금격차, 강남역 살인 사건을 비롯한 여성 대상 범죄에 대해 이야기를 나누다 본론인 낙태 이야기로 넘어갔다. 마르틴은 이미

서명 23만 건 이상을 기록한 한국의 낙태죄 폐지 온라인 청원[4]에 대해 알고 있었다. 한국에서는 낙태가 불법이지만 병원에서 암암리에 수술을 받고 있다고 하자, 마르틴은 즉각 "위선이네"라고 내뱉었다. 이때만 해도 그저 명쾌한 촌철살인인 줄로만 알았던 이 말은, 낙태 규제법과 싸우는 여러 나라가 겪고 있는 현실을 지시하는 관용구와 같은 표현이었다. 법이 어떻든 간에, 아이를 낳을 수 없는 여성들은 위험과 수모를 무릅쓰고 낙태를 한다. 그리고 국가는 그것을 알면서도 낙태를 법으로 금지한다. 자국민 여성이 영국에 가서 낙태를 하는 건 괜찮지만 아일랜드 땅에서는 안 된다며 자연유산조차 죄악시하는 "낙태청정국" 아일랜드나 60퍼센트 이상의 여성이 낙태를 해도 '생명은 신성하므로 낙태는 죄악이다'라는 입장을 고수하는 폴란드 그리고 그와 비슷한 상황인 한국의 법이 곧 '위선'이다. 이어지는 여행에서 우리는 이 단어를 반복해서 듣게 된다.

　앞으로 연이어 등장할 다양한 나라의 상황에 앞서 우선 알아둘 것은 한국의 현황이다. 한국에는 낙태죄가 존재한다. 낙태를 한 임신부는 1년 이하의 징역이나 200만 원 이하의 벌금형에 처해지고 의사도 처벌받는다. 예외적으로 낙태가 허용되는 경우도 있다. 본인이나 배우자가 우생학적, 유전적으로 **심신장애**가 있는 경우, **전염성 질환**이 있는 경우, **강간이나 준강간**에 의해 임신한 경우, 법률상 금지된 **친인척 간의 임신**인 경우, 임신 때문에 **모체의 건강이 위협**될 경우로 다섯 가지다. 의료계 통계에 따르면 한국에서 매일

3000건 이상의 임신 중절 수술이 행해지는 가운데 이 다섯 가지에 해당하는 비율은 겨우 5퍼센트 남짓이다.[5]

한편 한국은 1980년대 말부터 1990년대 초까지 여아 낙태가 횡행했던 국가다. 가부장적 국가 정책이 산아 제한을 권장하며 여아 선별 낙태가 이루어진 결과, 태어난 여아의 수가 남아에 비해 훨씬 적었다. 그리고 시간이 흘러 당시 살아남은 여아들이 소위 '가임기'에 이른 지금, 국가는 아이를 낳을 여성의 수를 줄였던 과거를 까맣게 잊은 것처럼 출생률이 낮아 문제라고 말한다. 살기가 힘드니 아이를 낳지 않겠다는 여성들에게 아이를 낳지 않아 나라의 미래를 위협한다고 말한다.

"죽일 때는 언제고 우리한테 책임을 지래요."

민경의 말에 마르틴은 폭소를 터뜨렸다.

프랑스의 과거와 현재

사전 조사로 알아본바 프랑스는 임신 중절 수술이 합법인 데다 비용도 무료다. 마르틴에게 구체적인 상황을 물어보았다. 현재 프랑스는 임신 12주까지 임신 중절이 합법이며, 비용은 전액 의료보험으로 환급된다. 15~18세 여성에게는 피임약이 무료로 지급된다. 그렇다면 프랑스는 더 이상 낙태권을 두고 싸울 필요가 없는 것인가? 마르틴은 이 질문에는 그러나 고개를 저었다.

"임신 12주는 충분하지 않아요. 실제로 1년에 5000명가량의

여성이 임신 24주까지 낙태가 허용되는 네덜란드로 가서 수술을
받아요."

외국에서 수술을 받게 되면 보험 처리도 되지 않고, 이동과
숙박비용까지 고려하면 경제력에 따라 낙태 가능 여부가 달라지게
된다. 보험이 자국민 여성에게만 적용되는 탓에 프랑스에 체류하는
외국인 여성은 의료적 혜택을 받지 못한다는 문제도 있다. 그래서
프랑스를 비롯한 유럽의 페미니스트들은 재생산권이 유럽 대륙
어디서나 평등한 권리가 될 수 있도록 끊임없이 싸우고 있다.
국가가 설정한 낙태 가능 주 수를 유럽에서 가장 긴 수준으로
맞추도록 요구하는 동시에, 아일랜드나 폴란드처럼 여전히
낙태가 불법인 나라의 투쟁에 연대하는 것이다. 또한 이탈리아와
스페인처럼, 진작 낙태가 합법화되었음에도 최근 정치가
보수화됨에 따라 이를 도로 불법으로 돌리려는 시도가 이루어지는
국가를 주시하고 경계한다. 이탈리아의 경우 정치의 보수화 외에도,
낙태가 합법임에도 의사들이 개인의 종교적 신념을 이유로 수술을
거부하는 문제가 있다. 실제로 최근 이탈리아에서는 10명 중 7명의
의사가 양심적 수술 거부를 내걸었다. 사실 가톨릭 신자가 아님에도
수술을 거부하는 의사도 많다고 한다. 이러한 현실은 한 국가에서
낙태가 '합법'이 되는 것과 임신 중단이 여성 본인이 선택할 수 있는
당연한 권리로 받아들여지는 것 사이의 괴리를 잘 보여준다. 이
거리를 메우기 위해서는 또 다른 투쟁이 필요한 것이다. 프랑스도
마찬가지다. 현재 프랑스는 이탈리아나 폴란드, 아일랜드에

비하면 가톨릭의 힘이 약한 편이지만 막강한 돈과 조직력을 갖춘 안티초이스(프로라이프, 낙태 반대파)가 급부상하고 있어 경계를 늦출 수 없다. 현재 프랑스는 권리의 확대로 나아가기보다는 다시 낙태를 불법화하려는 조직적·정치적 시도들에 맞서, 가진 것을 지키기 위해 싸우는 중이었다.

이어서 우리는 낙태 합법화를 얻어낸 1970년대의 투쟁에 대한 이야기를 듣고 싶다고 청했다. 마르틴은 직접 그 투쟁에 몸담은 세대는 아니었기에 시몬 이프의 다큐멘터리를 보여주었다. 시몬 이프는 1973년부터 8년간 플라닝 파밀리알의 대표로서 이 단체를 페미니스트적으로 바꾼 인물이었다. 본래 '행복한 모성(maternité heureuse)'이라는 이름으로 시작한 플라닝 파밀리알은 부부의 자녀 계획, 임신과 출산 및 성생활에 대해 정보를 주고 피임약을 제공하거나 임신 중단 수술을 진행하던 곳이었다. 초기에는 페미니스트 운동 단체보다는 비정부기구로서의 성격이 강했다. 의사가 주를 이루었으므로 참여자나 구성원 중 남성이 많았고, 이들은 1960년대에 당시 '피임죄' 폐지를 위해 뜻을 모아 싸웠다.

피임죄란 무엇인가? 그렇다. 과거 프랑스는 강력한 가톨릭과 가부장제가 결합된 결과 피임을 불법으로 규정했던 나라다. 이번 여행을 준비하며 조사를 해보기 전까진 우리 중 누구도 피임이 불법일 수 있다는, 애초에 법으로 논할 사안이라는 생각을 해본 적이 없었다. 때문에 마르틴을 통해 듣는 프랑스의 이야기는 신선한 충격이었다. 플라닝 파밀리알은 피임 합법화를 위해 투쟁하는 동안

마르티이 보여준 시몬 이프 다큐멘터리

단체의 이름이 또다시 바뀌고 국제가족계획연맹(IPPF)에 가입하는
등의 변화를 겪었다. 그리고 마침내 1967년에 피임이 합법화되었고,
함께 투쟁하던 이들 중 남성 의사들은 여기서 우뚝 멈추어 섰다.
이제 싸움은 끝났다고 생각한 것이다. 그들은 낙태가 발생하는 건
피임이 불법이기 때문이고, 피임이 합법화되면 더 이상 낙태를 할
일이 없을 거라고 생각했다. 당연히, 여성들은 이 주장에 동의하지
않았다. 피임이 합법인 것과 실제로 피임을 하는 것은 다른
문제이며 하물며 피임은 완벽하지 않다. 피임 합법화만으로 여성이
원치 않는 임신을 하게 되는 상황을 완전히 예방할 수 있다는 건

터무니없다. 여성이 원치 않는 임신을 중단할 권리, 재생산 권리를 획득하기 위해서는 낙태를 합법화해야 한다. 그러므로 투쟁은 이어져야 했다. 그렇게 남의사들과 입장이 나뉘면서 여성들은 남성이 떠나간 자리에 남아 플라닝 파밀리알이 페미니스트 단체임을 명확히 했다. 의료적 비정부기구에서 출발한 단체가 여성의 재생산권을 비롯해 페미니즘 이슈를 전반적으로 다루는 단체가 된 데에는 이러한 역사가 숨어 있었고, 그 분기점에 있는 인물이 시몬 이프였다.

그리고 이 시몬 이프가 바로 343선언을 제안한 인물이다. 낙태가 불법이던 시절, 343명의 지식인 여성이 자신의 낙태 경험을 잇달아 밝히며 투쟁에 힘을 실었다. 이 여성들의 선언은 1971년 『누벨 옵세르바퇴르』라는 진보 잡지의 표지를 차지하며 엄청난 주목을 받았다. 『제2의 성』의 시몬 드 보부아르 역시 이 선언에 함께했는데, 프랑스가 낙태권 투쟁에서 승리한 이후 자신은 사실 낙태 경험이 없다고 밝혔다. 343선언에 동참한 여성들이 우파 정치인들에 의해 '창녀 343'으로 불리던 때였으므로, 경험이 없더라도 그 멸시를 나누어 갖겠다는 뜻에서 동참한 것이었다. 그리고 막상 시몬 이프 자신은 이 선언에 함께하지 못했는데, 당시 플라닝 파밀리알의 대표로서 낙태권 투쟁이 활발해지면서 단체에 수없이 걸려오는 전화를 받느라 그만 깜빡해버렸다고 한다. 시몬 이프는 재생산권뿐 아니라 여성의 섹슈얼리티도 중요한 의제로 삼았다.

화면에 생전 시몬의 모습이 잡히자 마르틴은 그리움과 존경이
어린 흐뭇한 얼굴로 우리를 보았다. 시몬 이프는 2014년 세상을
떠났다. 시몬 베유도 작년에 사망했으니 비슷한 이름의 저명한
활동가들이 비슷한 시기에 떠났구나 싶었는데, 이 역시 우연은
아니다. 피임권과 낙태권 투쟁을 일으킨 이들이 대략 1920년 무렵에
태어났으니, 이제 자연스레 하나 둘씩 세상을 뜨는 시기가 다가왔을
뿐이다.

시몬 드 보부아르, 시몬 이프, 시몬 베유. 아니나 다를까
마르틴이 선물로 준 에코백에는 이 세 명의 시몬이 그려져 있었다.
'시몬, 사랑해요!'라는 글귀까지 적힌 이 가방을 우리 한 명 한
명에게 주며 마르틴은 "내일은 뭐하냐"고 물었다. 마침 다음날 3.8
세계 여성의 날을 맞아 여성 단체 대표들이 모여 회의를 한다며
지루할 수도 있겠지만 원한다면 와도 좋다는 거였다. 기꺼이
참석하겠다 대답하며, 떨리는 첫 인터뷰를 마무리 지었다.

파리의 우울

플라닝 파밀리알 사무소를 나선 뒤 마르틴으로부터 들은
이야기들이나 내일의 약속이 생긴 것에 흥분한 우리는 요란스레
얘기를 나누며 파리의 거리를 걸었다. 그러다 숙소가 가까워질수록
점차 무거워지는 발걸음. 전기도 온수도 끊겨버린 아침의 지옥이
부디 저절로 사라져 있기를 바라며 문을 열었다. 그러나 두꺼비

집에 달린 온갖 버튼을 눌러봐도 전기는 다시 돌아오지 않았다.

다음날 마르틴의 초대로 참석한 여성 회의에서는 구석에 앉아 조용히 참관했다. 언어는 낯설었지만 스무 명 남짓의 활동가가 섬세하게 의견을 조율하며 행사를 준비하는 방식은 익숙한 것이었다. 그렇게 회의가 한창일 때 마르틴이 민경을 조심스레 밖으로 불러냈고, 회의 참석자 중 한 분과의 인터뷰를 주선해주었다.

"여러분이 듣고 싶어했던 이야기를 들려주실 거예요."

우리가 듣고 싶어했던 얘기, 즉 1970년대 낙태 합법화운동 당시의 경험이다. 그렇게 페미니스트 플로랑스 몽트레노와의 다음 인터뷰가 잡혔다.

"가기 싫다."

숙소에 가기 싫다는 뜻이다. 바라 마지않던 인터뷰 약속을 얻어낸 기쁨이 걷히자 곧 다시 발걸음이 무거워졌다. 어두침침하고 냉골인 숙소가 지긋지긋한 마음에, 파리 식당은 비싸니까 웬만하면 장을 봐서 숙소에서 먹자던 다짐을 깨고 눈에 보이는 피자집에 들어갔다. 들어가자마자 식당의 모든 콘센트에 충전기를 꽂아 죽어가는 휴대폰 전원을 살려내고 피자와 파스타를 적당히 주문했다. 너무 우울해질 것 같아 쓰기가 망설여지지만, 정말 끔찍한 맛이었다. 사실 피자는 괜찮다고 생각하면서 먹었는데 나중에 생각해보니 파스타가 너무나 최악이었기 때문에 그렇게 느껴졌던 거라고 결론을 내렸다.

"나 살면서 먹어본 파스타 중에⋯⋯"

"알아. 조용히 해."

그래도 한 올도 남기지 않고 피자 한 판과 파스타 한 접시를
야무지게 나누어 먹었다. 자리마다 비치된 파르메산 치즈 한 단지를
다 뿌려 넣어가면서.

"그래도 치즈 넣으니까 괜찮은 거 같아."

"아니야."

"응."

그래도 배를 채우고 시시껄렁하게 떠들고 나니 좀 나았다.
너도나도 걸으며 피워대는 사람들의 담배 연기도, 인도를 가로막고
서서 술을 마시는 사람들도 그저 즐거운 풍경이었고 어느새 또
우리는 실없는 대화와 인터뷰 얘기를 오가며 깔깔대며 걷고 있었다.
그렇게 다시 돌아온 악몽의 숙소. 호스트는 여전히 답이 없었고
예약 사이트에서는 환불이 어려울 것 같다는 소리나 했다. 식당이나
플라닝 파밀리알 사무실에서 애처롭게 충전해온 휴대폰 불빛과
두루가 습관처럼 캐리어에 넣어 다니는 향초의 빛에 의지해 번갈아
찬물로 씻은 뒤 이를 딱딱 부딪으며 결국 다른 숙소를 예약했다.
내일, 옮긴다. 일단 옮긴 뒤, 환불은 투쟁해 얻어낼 것이다.

아침. 마르틴에게 소개받은 시니어 페미니스트 플로랑스
몽테르노를 만나기로 한 날이다. 새 숙소에서 기력을 회복하고
인터뷰 준비를 하자며 일찍부터 분주히 움직였다. 낑낑대며 짐을
옮기는 와중에 각자의 지인들에게 연락이 왔다. 『참고문헌 없음』이

JTBC 뉴스룸에 나왔다는 소식이었다. 성폭력 피해자들을 위한
연대 기금 마련을 위한 프로젝트였고 봄알람은 막바지 단계에서
하차했으나 우리가 함께했다는 걸 아는 지인들이 소식을 알려왔다.
봄알람의 SNS 계정으로 책을 구할 수 있느냐는 문의가 들어오기도
했다. 우리가 파리에 도착했을 때쯤 한국에서 서지현 검사의
발언을 도화선으로 미투 운동이 번지기 시작했다더니 또 어떤 일이
벌어지려나, 먼 나라에서 지지의 마음을 보탰다.

합법화하지 않으면 여자들이
장관실 앞에서 낙태를 할 것이다

전기만 제대로 들어와도 감사했을 텐데, 새 숙소는 시설과
인테리어, 채광과 경치마저 아름다웠다. 이제 악몽은 끝났으니
누려보자는 마음으로 당장 따스한 물로 번갈아 씻은 뒤 시장에
가서 과일, 해산물, 고기, 빵, 치즈를 한아름 샀다. 꽃까지 사와서
장식했던 것을 생각하면 새 숙소에 얼마나 들뜨고 감동했는지 알
만하다. 푸짐하게 상을 차려 먹고 정리하니 플로랑스를 만나기로
한 시간이 금세 다가왔다. 만나기 전에 그에 대해 좀 더 알아보기로
하고 대충 정리한 식탁에 노트북을 펼쳤다.
　　플로랑스 몽테르노는 페미니스트 역사학자로, 국가에
기여한 이들에게 수여하는 레지옹 도뇌르 훈장을 받은 인물이다.
지금까지 열여덟 권의 책을 펴낸 왕성한 학자이자 페미니스트를

옮긴 숙소에서 드디어 밝음 속의 식사를 할 수 있었다.

지지하는 남성들의 모임인 '제로마초'의 공동 설립자이기도 하다.
제로마초는 '성매매에 반대하는 남성들'이라는 선언을 주창하는
등 남성 중심주의에 반대하는 남성들로 모인 단체다. 이들을
'남성 페미니스트'가 아닌 '페미니스트를 지지하는 남성들'이라
지칭한 데에는 이유가 있는데, 이틀 전 마르틴과의 대화
때문이다. 이런 저런 이야기 중에 "프랑스에는 남성 페미니스트가
많은가"를 물었을 때 마르틴은 고개를 갸웃거리며 답했다. "남성
페미니스트는 없어요. 페미니스트를 지지하는 남자는 있지만."

마르틴의 태도에서 페미니스트라는 단어의 기본적 의미가 한국과 프랑스에서 미묘하게 다르다는 느낌을 받았다. 굳이 구분하자면 페미니스트는 아무래도 여성이고, 관련 활동에서도 여성에게 당연한 우선권이 있는 느낌이 좀 더 강하다고 할까. '페미니스트'를 "여자에게 친절한 남자"라 풀이하던 국립국어원을 둔 한국과는 아무래도 좀 달랐다.

플로랑스가 쓴 책들에 대해 찾아보다가 결국 시간이 빠듯하게 되어 택시를 불렀다. 촬영을 위해 카메라와 받침대를 우왕좌왕 챙기고 약속 장소로 향했다. 가는 택시에서 질문들을 최종 체크하다 보니 새삼 긴장이 됐다. 플로랑스는 1970년대 낙태권 투쟁의 당사자인 동시에 2001년 '아직도 페미니스트'라는 단체를 만들어 활동하는 현재 진행형 액티비스트다. 우리와 만나기로 한 날만 해도 같은 장소에서 연달아 두 건의 활동 일정이 잡혀 있었다. 역사학자인 동시에 언어학에도 관심이 있어, 프랑스어 속 성차별에 관해 쓴 책이 2주 뒤 출간을 앞두고 있었다.

약속한 정각 여섯시, 플로랑스는 전날과 같이 화사한 얼굴로 등장했다. 그는 이화여대에서 초청을 받아 한국에 온 적이 있다고 하면서, 한국 페미니스트에게서 받은 인상이 너무나 좋았기 때문에 우리의 인터뷰에 기꺼이 응하고 싶었다고 운을 뗐다. 인터뷰에 응해준 플로랑스에게 감사의 표시로 이태영 변호사 일러스트로 만든 마그넷을 선물했다. 봄알람의 두 번째 책 『우리에게도 계보가 있다』의 굿즈로 제작한 손가락만 한 자석이다. 한국의 호주제

폐지를 위해 싸웠던 페미니스트 변호사라고 설명하자 플로랑스는 무척 기뻐했다.

인사와 소개를 나눈 뒤 인터뷰가 시작되고 바로 본론으로 들어갔다.

"한국은 현재 낙태가 불법이고, 우리 세대에서 투쟁을 통해 법을 바꾸어내야 합니다. 낙태 합법화를 쟁취해낸 당신의 경험을 듣고 싶어요."

첫 번째 질문과 함께 한국의 상황을 간략히 설명하자 플로랑스는 바로 고개를 끄덕이며 '전략'에 대한 이야기를 해주겠다고 말했다.

"나라마다 처한 상황이 다르다 할지라도 어떤 목표를 지닌 정치적 운동에는 일반화할 수 있는 부분이 있으니까요."

우선 프랑스에서 40년 전 343선언이 커다란 효과를 불러왔던 것처럼, 유명인들이 함께하는 것은 광범위한 이슈화에 핵심적이고 효과적인 방법이다. 물론 이것만으로 되지는 않는다. "당시의 운동이 성공할 수 있었던 이유는 진실을 말했기 때문"이라고 그는 말했다. 바로 실로 많은 사람이 낙태를 하고 있다는 진실이다. 감옥살이를 할 수 있는 상황에서도 수많은 여성이 불법 수술에 수반된 위험을 감수해가면서 낙태를 했다.

"그리고 이런 이야기를 할 수 있었던 데에는 길 위의 페미니스트들이 뒷받침을 해주었다는 배경 그리고 정부가 이 상황을 받아들일 용기를 냈다는 것도 큰 역할을 했어요."

앞서 언급한 시몬 베유는 보건부 장관을 지냈다. 그는 취임한 지 얼마 되지 않아 여성이 10퍼센트밖에 되지 않던 국회에서 낙태 합법화를 주장하는 기념비적인 연설을 하면서 흐름을 주도해갔다. 당시 대통령은 발레리 지스카르데스탱이었는데, 젊은 진보주의자였던 그가 시몬 베유를 보건부 장관으로 뽑은 이유가 바로 낙태 합법화를 위해서였다고 한다. 당시는 343선언 등에 힘입어 합법화를 향한 대중적 요구가 뜨겁게 끓어오르는 상황이었고, 페미니스트들의 투쟁은 격렬했다.

"낙태를 합법화하지 않으면 조만간 장관실 앞에서 낙태

수술을 하는 일이 벌어지고 말 거라고 얘기할 정도였으니까요.”

여성들은 ‘아이는 내가 원할 때, 내가 낳고 싶을 때’라는
표어를 들고 ‘나는 원해서 태어난 아이가 아니래요’라는 문구가
쓰인 티셔츠를 입은 아이들과 함께 거리에 나섰다. 그 광경에 대해
이야기하며 플로랑스는 ‘힘’을 강조했다. 그 거센 시위를 이끌어간
강렬한 힘 앞에서 남성 정치인들은 “겁을 먹었다”. 마지막엔
좌우파를 막론하고 합법화 법안을 통과시키지 않을 수 없는
분위기였다.

거리의 페미니스트들의 힘

이야기를 듣고 있자니 플로랑스가 언급한 ‘거리의 페미니스트들’의
힘에 대해 생각하게 되었다. 어떻게 하면 낙태할 권리라는 것이 훨씬
대중적 지지를 받는 이슈가 되고, 이를 요구하는 페미니스트들의
운동에 위협을 느껴 이 의제를 해결할 장관을 발탁하기에 이를
만한 ‘힘’을 모을 수 있을까. 이런 고민을 이야기하자 플로랑스는
피임권에서 시작하라는 조언을 해주었으나, 한국은 피임 교육이
필요하기는 할지언정 과거의 프랑스처럼 피임 합법화를 두고
싸우는 상황은 아니다. 피임은 불법이 아니지만 낙태를 금지하며,
하루 약 3000여 명의 여성이 낙태 수술을 한다. 그렇게 한국의
상황을 설명하자 플로랑스의 대답은 명료하고 신속했다.

“날마다 3000건의 낙태가 이루어진다면 1시간당 100명

남짓이군요. 100명의 여성이 검은 옷을 입고 거리로 나서는
퍼포먼스를 할 수도 있겠죠."

　'전략'을 조언해주겠다는 처음의 선언대로 그는 파급력을 가질
만한 운동 방식을 제안했다. 예컨대 여성들이 뜨개바늘을 들고
"우리는 목숨을 걸고 낙태를 한다" 같은 슬로건과 함께 행진을
하는 것이다. 낙태가 불법이었던 과거에 프랑스인들은 뜨개바늘로
직접 낙태를 했다. 플로랑스가 언급한 '뜨개바늘'의 의미를
알아듣고 한국에서는 병원에서 불법 낙태 수술을 받기가 어렵지
않다고 대답하자, 바로 알아들었다는 듯 그는 "위선이구나"라고
말했다. 앞서 마르틴과의 대화에서 나왔던 '위선'이 이 문제에서
용어처럼 쓰인다는 것은 이때 깨달았다. 낙태가 불법이지만 '실제로
금지'되지는 않는 현실. 낙태가 행해지는 것을 모두가 알면서 낙태
수술이라는 의료 행위와 관련해 보호받아 마땅한 권리를 조금도
보장하지 않는 현실을 의미한다. 이 표현이 낙태권 문제 안에서
이렇게 용어로서 존재하는 이유를 이해하면서 우리는 낙태법에
얽힌 다양한 나라의 사회정치적 현실이 단순히 불법과 합법으로만
나뉠 수 없다는 것을 점차 깊이 깨닫게 되었다.

　이슈 파이팅을 위한 플로랑스의 조언들은 분명했다. 공분을
일으킬 사건과 자극적인 슬로건은 필요하다. 예컨대 누군가
사망하는 일이 발생한다면, 그것을 커다랗게 부각시켜 여성의
건강권이 위협받고 있음을 알리는 계기로 삼아야 한다고 그는
말했다. 그리고 이것은 지금까지 다른 나라들에서 효과를 본

방식이기도 하다. 현실적으로 페미니스트의 수가 적다면 온라인 공간에서의 싸움을 활용하는 것이 중요하다. 어떤 가시적인 전략을 취하느냐에 따라 적은 수로도 커다란 효과를 만들어낼 수 있다.

그리고 플로랑스는 거듭, 낙태권이 여성 인권에서 아주 중요한 부분임을 강조했다.

"그에 비해 낙태권이 제대로 보장된 나라는 아직 지구상 어디에도 없어요."

낙태에 대한 무지와 오해들부터가 그렇다. 우리가 "낙태 합법화를 원한다"고 말하면 어떤 이들은 여자들이 무책임한 섹스를 하고 나서 태아를 죽이려 한다고 받아들인다.

"낙태권에 대해 얘기하면 낙태를 일삼으려는 줄 안다니까요."

그렇게 얘기하자 플로랑스는 공감하면서 웃었다. 그리고 자신의 이야기를 들려주었다.

부모가 원해서 태어난 첫 번째 세대

플로랑스는 프랑스 역사에서 피임약을 복용한 첫 번째 세대다. 피임 합법화 전이었으므로 불법 피임약을 복용했는데, 그것은 전적으로 그의 어머니의 결정이었다.

"어머니가 자신과 같은 삶을 살지 않게 하겠다며 내가 18살 때 나를 플라닝 파밀리알에 데려갔어요."

플로랑스의 양친은 결혼 4년 만에 아이를 넷이나 낳았다.

네 아이를 두었을 때 그의 어머니는 만으로 25세였다. 부부 간의 성생활은 즐거움 대신 두려움뿐이었다. 부지불식간에 아이가 생길 수 있다는 두려움. 그것을 겪었기에 그의 어머니는 플로랑스에게 직접 피임약을 쥐여주었던 것이다.

"그래서 내 아이들은 프랑스 역사상 부모가 원해서 낳은 첫 번째 세대인 거예요."

그 말에 잠시 멈칫했다. 무슨 말이지? 하는 잠시의 의아함 뒤에 아, 하는 탄성이 찾아왔다. 원치 않는 아이를 낳지 않을 권리를 주장해왔으면서도, 피임약 복용이 가능해진 첫 세대를 최초로 부모가 원해서 낳은 아이라고 볼 수 있다고는 생각해본 적이 없었다. 지금까지 우리는 임신 중단을 살인에 등치시키는 논리를 가까스로 방어하는 데 급급했고, 원치 않는 임신이 여성의 인생을 얼마나 망칠 수 있는지를 최대한 세세하게 늘어놓는 방식으로 여성의 선택권을 강조했다. 그러나 조금만 다르게 생각하면 이 권리는 원치 않는 임신이라는 불행을 막기 위한 것만이 아니라 원할 때에 임신해 아이를 낳을 수 있는 행복을 위한 것이다. 허를 찔린 기분이었다. 여성의 재생산권이 확보된 사회에서는 부모가 원하는 아이가 태어난다. 태어난 아이를 부모가 원했는지 아닌지에 따라서, 부모의 삶뿐 아니라 아이의 삶도 그 시작부터 달라진다. 18살 때 어머니의 손을 잡고 피임약을 얻으러 갔던 플로랑스는 후에 그의 어머니처럼 네 명의 아이를 낳았다. 어머니와 다른 것은 그 자신이 준비가 되었을 때, 낳고 싶어서 낳았다는 점뿐이었다.

"아이가 넷이고 손주가 여섯이에요. 지금 11살인 막내
손주까지, 다들 페미니스트입니다."

플로랑스는 그렇게 말하며 한 점 그늘 없는 미소를 지었다.

나는 매일 아침 세상을 바꾸기 위해 잠에서 깨어난다

마르틴의 배려로 견학을 갔던 여성 회의에서 여러 참가자 사이에
앉아 있는 플로랑스를 처음 봤을 때부터 느낀 것이지만, 그는
'무구하다'는 말이 어울릴 정도로 맑은 인상을 가지고 있다.
확신과 평화가 함께 읽히는 눈빛과 표정으로 다른 이의 이야기를
듣고 말하는 그의 선한 분위기는 여러 사람 사이에 섞여 있어도
단연 눈에 띌 정도다. 오랫동안 일선에서 활동해온 시니어
페미니스트라는 이력을 듣고 상상할 법한 인상과는 거리가 멀다.
그리고 그와 이야기를 나누면서, 지금의 그를 있게 한 신념과
동력에 대해 조금씩 들을 수 있었다.

"낙태를 하는 여성은 방탕하다" 같은 뿌리박힌 고정관념을
건드릴 수 있는 효과적인 방식은 무엇일까를 물었을 때,
플로랑스는 '원죄'를 언급했다. 철학적으로 낙태는 원죄와 연관이
있다. 여성이 남성과 쾌락적 섹스를 하고 났을 때, 임신이란
여성에게 내려지는 선한 형벌(good punishment)이라는 것이다.
"하지만 출산으로 여성을 처벌한다는 생각은 정신적으로 어딘가
이상하지 않냐"고 물으면서 그는 이것이 여성이 쾌락을 얻는 것을

두려워하는 남성들에게서 생겨난 사고방식이라고 지적했다. 그리고 태아는 잠재적 생명이고 여성은 실제적 생명이므로 선택은 여성의 몫이라고 힘주어 말했다.

그의 이야기를 들으며 우리는 지체 없이 끄덕였다. 한국 사회의 인식은 아직 여기서 한참 멀다. 실제적 생명인 여성의 삶과 권리를 잠재적 생명의 뒤에 두는 것이 얼마만 한 폭력인지, 왜 낙태죄가 여성 인권의 취약함과 직결되는 문제인지에조차 설명이 필요하다. 이 이야기를 듣고 플로랑스는 프랑스 극우 진영에서도 비슷한 반응을 보인다고 답했다.

"사실 프랑스에서도 이는 페미니스트의 의견이지 모든 여성의 의견이라 말할 수 없어요."

페미니스트는 사회 구성원의 10퍼센트나 될까 한다면 나머지는 여전히 거의 모든 면에서 남성 중심주의적 사고방식에 익숙한 게 현실이다. 어쨌거나 이 문제에서 '진실'은 "누구도 당신의 아이를 사랑하라고 강요할 수 없기에 원할 때에만 임신과 출산을 해야 한다"는 것이다. 또한 낙태를 하는 여성은 갓 스무 살쯤 되어서 아무 남성과 무분별한 성관계를 하는 이로 그려지곤 하지만, 실제로는 기혼자가 낙태를 더 많이 한다. 이런 현실을 더 많은 이가 직시해야 한다. 한국의 통계도 마찬가지다. 임신 중절 수술을 받는 여성 가운데 기혼 여성의 비율이 언제나 더 높았다. 1971년부터 플라닝 파밀리알에서 일했던 플로랑스가 주로 만났던 이들도 아이를 이미 너무 많이 낳아 더 이상은 감당할 수 없다고 찾아오는 부부였다. 이러한 현실을 토대로, 잘못 만들어진 이미지를 부수는 일이 무척이나 중요하다고 그는 강조했다.

"'여성들의 무분별한 성행위와 그에 따른 낙태'라는 이미지에는 쾌락적인 성관계에 형벌로서 임신을 뒤따르게 하겠다는 징벌 심리가 분명하게 깃들어 있어요."

유럽 내부의 연대에 대해서도 물었다. "다른 나라와도 협력을 하신다고 들었는데"라고 운을 떼자 그는 즉각 "페미니스트들과"로 정정했다. 국가적 협력이 아닌, 국경을 넘은 페미니스트들의 연대다. 스페인에서 낙태를 다시 불법화하려는 조짐이 보였을 때 프랑스 페미니스트들은 '자유의 열차'라 이름 붙인 기차를 타고 마드리드로 갔다. 폴란드에서 검은 시위가 있었을 때는 주 프랑스 폴란드 대사관 앞에서 시위를 했다. 이런 식으로 어떤 나라의 여성 인권이 퇴행의 위협을 받을 때에 다른 국가에서 그 상황을 주시하고 있음을 보여주는 건 유효한 전략이라고 그는 말했다.

낙태에 대한 인식의 근원으로 원죄를 언급했던 그는, "어떻게 페미니스트가 되셨냐"는 질문에 "가톨릭 신자였기 때문"이라고 대답했다. 낙태를 죄악시하고 규제하는 법이 강력한 국가들의 경우 그 배경에 흔히 가톨릭 교리가 있다는 점을 생각하면 이는 굉장히 역설적인 대답이다. 그 사실을 잘 알고 있다는 듯 플로랑스는 부연했다.

"가톨릭의 정신은 자신이 문제없는 삶을 영위하고 있다고 하더라도 다른 삶을 살고 있는 타인에게 연대하는 거예요. 낙태권 투쟁과 가톨릭이 척을 지기는 하지만, 실제로 가톨릭은 연대, 자선, 연민의 정신에 입각해 있죠."

그가 프랑스의 낙태 합법화 이후에도 계속 투쟁을 이어가는 이유 역시, 백인이자 중산층인 자신이 누리는 것을 모두가 똑같이 누리지 못한다면 의미가 없기 때문이다.

"매일 아침 나는 세상을 바꾸기 위해 잠에서 깬다, 이건 내 에세이 제목이기도 해요. 우리 어머니는 '너는 세상을 바꾸고 싶어하는구나. 나는 아닌데'라고 하셨지만, 나는 이 세상에 책임감이 있다고 느낍니다."

그는 가톨릭 정신에서 연대를 배웠고 보부아르에게서 사랑을 배웠다고 말했다.

"보부아르의 책을 읽고 느꼈어요. 사랑은 우리에게 큰 힘을 주고 우리는 다른 이들을 도와야 합니다. 타인이 자유롭지 않다면 나도 자유로울 수 없으며, 나 혼자서는 나를 구할 수 없어요. 우리는 모두 같은 배를 탄 사람들이지요."

그가 우리에게 내어준 한 시간은 빠르게 흘렀다. 갑작스레 성사된 만남은 짧았지만 그가 준 확신 어린 조언과 단단한 긍정 에너지는 정말로, 강렬했다.

과거의 영광은 어떻게 남았는가

플로랑스와 헤어진 뒤 다음 목적지는 파리 외곽의 한 베트남
식당이었다. 아들린이라는 이름 말고는 아무것도 모르는 프랑스
페미니스트 여성과 저녁식사를 함께 하기로 되어 있었다. 이 만남이
성사된 전말은 이랬다. 처음 마르틴과 인터뷰를 한 날 플라닝
파밀리알에 방문한 사진을 온라인에 게시했더니, 봄알람의 SNS
계정에 누군가가 자신의 친구를 태그하며 우리를 응원한다는
댓글을 남겼다. 호기심에 계정을 훑어보니 앳된 얼굴에 한국어를
할 줄 안다는 정보를 얻을 수 있었다. 어떻게 우리를 알까? 혹시
프랑스인이라면, 파리에 있을까? 전체 일정 중 가장 체류 기간이
긴 파리에서 가능하다면 다른 페미니스트들도 만나보고 싶던 차에
조심스레 메시지를 보냈다. 그는 파리에 살고 있었다.

"이야기를 나눠보고 싶은데 괜찮으시다면 만날 수 있을까요?"

"정말요? 좋아요!"

순조롭게 약속이 잡혔다. 채식을 하는 아들린은 만날 장소로 어느 베트남 식당의 주소를 보내주었다. 그런데 도착한 식당에 아들린은 보이지 않았다. 식당을 들락거리며 주소와 상호를 확인하길 몇 번이나 반복하면서 기다렸지만 그는 나타나지 않았다. 낯선 상대와 덜컥 약속을 잡은 게 아무래도 너무 무모했던 걸까? 초조해지던 끝에 그제야 생각난 듯 데이터 로밍을 켜보았다. 오늘 만나는 게 맞는지, 답장을 주면 집을 나서겠다는 메시지가 와 있었다. 그도 우리와 마찬가지로 조심스러웠던 모양이다. 그저 유심칩을 미리 사 오지 않은 것만이 잘못이었다는 사실에 안심하고 답신을 보내니, 근처에 사는 아들린은 얼마 지나지 않아 가게에 도착했다.

한국외대로 교환학생을 온 적이 있는 아들린은, 친구들이 코엑스 디자인 페어에 갔다가 봄알람 부스에서 우리가 만든 페미니스트 스티커를 사다 주어서 봄알람을 알게 되었다고 했다. 한국어를 안 쓴 지가 너무 오래되었다며 연신 부끄러워하면서도 아들린은 한국어를 놀라울 만큼 잘 했다. 궁금한 나머지 전형적인 질문을 하고 말았다.

"어떻게 한국어를 잘하게 됐어요?"

"어릴 때 한국 드라마를 좋아했어요. 이제는 안 보지만요."

이전까지 즐겨 보던 드라마가 어느 순간 시들해졌다고 그는

말했다. 페미니즘을 접한 뒤로 즐기던 것들을 더 이상 웃으며
볼 수 없게 되었다는 그의 말에 우리는 금방 공감했다. 메뉴를
골고루 주문한 뒤 파리에서 페미니스트로서 살고 있는 그의
이야기와, 우리의 여행에 대한 이야기를 나눴다. 한국에서는 낙태가
불법이라서, 유럽에서 낙태권을 얻기 위해 싸웠거나 싸우고 있는
여성들을 만나보려고 왔다고 설명하고 프랑스의 페미니즘 주요
의제는 무엇인지 물었다.
　"요즘 우리 사이에서 화제가 되는 건 길거리 성희롱이에요."
　프랑스에서 길거리 성희롱이 주요한 이슈라는 소식을 SNS에서
본 기억이 있었다. "잘 되고 있나요?" 그렇게 묻자 아들린은 어깨를
으쓱했다.
　"아뇨. 여성부 장관이 길거리 성희롱에 벌금을 매기겠다고
했는데 말이 안 돼요."
　말인즉, 길거리 성희롱이라는 건 누군가가 길에서 성희롱을
하고 사라져버리는 거라 즉시 그 사람을 잡아서 벌금을 매긴다는 게
애초에 실현하기 어려운 발상이라는 것이다.
　"뭣보다 그런 사람들을 붙잡아서 벌금을 매기는 역할을
경찰관이 해야 할 텐데 성희롱을 하는 게 바로 경찰관인 걸요."
　프랑스는 이미 여성의 권리를 위한 투쟁이 끝난 사회라는
인식이 여성들 사이에서조차 만연하기 때문에 이런 식의 성희롱은
폭력이 아닌 성적 자유라는 식으로 받아들여진다고 그는 설명했다.
　"뭘 더 싸울 게 남아 있어? 같은 생각인 거죠."

프랑스의 유명 배우 카트린 드뇌브가 미투 운동을 두고 남녀 간의 연애 감정을 성폭력으로 규정하면 안 된다는 식의 발언을 해 논란이 되었던 기사가 생각났다.

식사를 마치고 펍으로 자리를 옮겨 우리는 낙태에 대한 이야기를 시작했다.

"아까 길거리 성희롱이 문제라고 했잖아요. 낙태는 어떤가요? 주요한 문제로 여겨지나요?"

아들린은 그렇지 않다고 답했다.

"12주까지는 낙태가 합법이어서요. 당장 싸워야 하는 문제라고 생각하지는 않아요."

그럼 낙태를 한 여성에 대한 인식은 어떤지 물으니, "별로 좋지 않다"는 대답이 돌아왔다. 불법은 아니라 해도 쉬쉬하는 분위기가 여전히 있다고 한다. 그러다 아들린은 무언가 생각난 듯 아, 하면서 최근에 있었던 다른 얘기를 해주었다.

"구글에 낙태를 검색했을 때 가장 먼저 뜨는 사이트에 상담 전화번호가 적혀 있어요. 그래서 낙태가 필요한 여성이 그리로 전화를 걸면, 낙태하지 말라고 말리는 거예요."

그 번호는 낙태 반대자들이 가장 먼저 검색 결과에 노출되도록 띄운 광고였다. 안티초이스가 활발하게 움직이고 있으며 조직력과 자본 면에서 강력하다던 마르틴의 말이 떠올랐다. 낙태 반대자들의 논리나 활동을 접할 때마다 '낙태' 문제는 여성의 기본권 문제가 아닌 '여성의 결정권'을 위해 '아이의 목숨'을 희생하려 한다는 논쟁으로 끌어내려진다. 이런 소모전은 낙태 합법화를 이루어냈다 해서 끝이 아니다. 낙태를 다시 불법화해야 한다는 논리는 교묘하고 철저하게 세를 불려가고 있었다. 그토록 격렬한 투쟁과 승리를 경험한 나라에서조차 이런 상황이라는 것은 암담한 일이다.

"아무튼 그런 식으로 낙태를 만류하는 광고는 불법이라고 판결이 나서 처벌됐어요."

그런데 아들린의 다음 이야기는 의외였다.

"처벌을 받는다고요?"

"네. 여성이 자신의 몸에 일어나는 일을 결정하는 데 왜곡된 정보를 주어서는 안 된다는 이유였을 거예요."

과연, 낙태약이 여성의 도덕적 자산이므로 판매를 보장한다던 나라답다. 낙태 반대 광고에 대한 프랑스 법의 판결을 들으니 한 사례가 떠올랐다. "낙태약이 여성의 도덕적 자산"이라는 이야기는 약 40년 전으로 거슬러 올라간다. 흔히 미프진이라 불리는 미페프리스톤은 프랑스에서 처음 발명되었다. 그런데 이 약이 20여 년간의 연구 끝에 시판되기 시작한 1980년 무렵, 프랑스 내에서는 항의가 빗발쳤다. 여성의 방종을 부추긴다는 이유였다. 논쟁에 휘말렸던 제약회사는 오랜 연구에도 불구하고 약을 시장에서 철수시키기로 결정했다. 전과 달리 약물 낙태가 가능해진 시대로 도약했음에도 여성들은 전과 다를 것 없는 상황에 놓이게 된 셈이다. 이때 프랑스 보건부 장관 클로드 에벵이 나섰다. 그는 "낙태에 대한 논쟁이 여성에게서 의학적 진보의 결과물을 빼앗아가도록 허용하지 않겠다. 이제부터 이 약은 제약회사만의 재산이 아닌 여성의 도덕적 자산임을 프랑스 정부가 보장한다"고 말하며 판매를 촉구했다. 하마터면 세상에서 사라질 뻔했던 미프진은 프랑스 정부와 보건당국의 이 결정으로 인해 오늘날까지 유통될 수 있게 되었다.

프랑스는 여성 권리 투쟁의 역사가 오래된 만큼 이제 페미니즘을 시대에 뒤떨어진 것으로 취급하며 여성과 남성은 동등해졌다 여기는 분위기가 있는 것은 사실이다. 한국에서도 비슷한 인식이 있는데 프랑스에서 덜하지는 않을 것이다. 그러나 요즘은 '투쟁은 끝났다'는 인식과 현실의 괴리를 비집고 새로운 투쟁들이 생겨나는 시기이기도 했다. 아들린은 이런 분위기를 설명하며 페이스북 페이지 이름들을 줄줄 읊어주었다.

"『다른 시선』이라는 페미니즘 만화가 있어요. 엠마라는 사람이 페이스북에 연재를 했던…… 아, 한국에도 출판됐어요?"

그는 바로바로 검색해 게시된 이미지들을 보여주며 이런저런 페미니스트 그룹들의 활동에 대해 이야기했다. 여성들이 길거리에서 들은 성희롱들을 모아 게시하는 '뻬이 따 슈넥(Paye ta shnek)'이라는 페이지도 있었다.

"슈넥은 여성의 성기를 부르는 은어예요. 뻬이 따는, 음, 설명하기가 좀 어려운데요. 뭔가를 망쳤을 때 하는 말이거든요. 그리고 슈넥이 들어가는 자리에 예를 들면 경찰, 법복, 대학 같은 말을 넣어서 각각의 공간에서 경험하는 성희롱을 모아둔

페이지들이 여러 개 생겼어요."

　이런 페이지들을 운영하는 사람들은 주로 젊은 여성이었다. 한국에서처럼 프랑스에서도, SNS를 통해 공간의 한계를 뛰어넘는 동시다발적인 소통이 운동을 이끌고 있었다. "또 제 생각에 우리 세대의 문제는," 휴대폰 화면을 끄며 아들린이 말을 이었다. "남자들이랑 점점 더 말이 안 통해요." 세상은 평등하며 이제 페미니즘은 필요 없다고 생각하는 남성들과, 세상은 평등하다고 믿었다가 살면서 경험을 통해 투쟁이 결코 끝날 수 없음을 깨닫게 되는 여성들 사이의 인식 차는 한국 여성들에게 이미 익숙한 주제다. 아들린의 말대로 이것은 국가를 떠나 우리 세대가 다 함께 경험하는 문제일 것이다.

"정말 궁금한 게 있는데요."

새로 맥주를 한 잔 더 시킨 뒤 아들린이 좀 더 진지한 얼굴로 입을 열었다. 바의 소음 속에서 우리는 동시에 아들린에게로 귀를 기울였다.

"다들 연애를 어떻게 해요?"

듣자마자 그의 심각한 마음이 너무 이해되어 웃음이 터졌다. 남자친구를 사귀어도 뭐든 설명해주고 이해시키는 게 너무 피곤하다는 그의 말에 우리는 거두절미 공감했다. 여성들이 페미니즘을 접할수록, '과연 남성과의 연애, 가능한가?'를 스스로에게 묻는 일마저 전 지구적으로 동시에 일어나고 있는 모양이다.

"음, 저는 거의 포기했어요. 애인이라고 해도 모든 걸 설명해줄 의무가 있는 건 아니라는 것만 알면 좋을 것 같아요."

깊이 공감되는 데 반해 해줄 수 있는 답은 신통치가 않았다. 씁쓸한 유대감을 느끼며 맥주를 마셨다. 그러다 잠시 뒤 아들린이 말했다.

"그런데 한국말에 그런 말 있잖아요."

"무슨 말이요?"

"살아 있는 한, 희망이 있다!"

주먹을 불끈 쥐고 또박또박, 간절함이 담긴 별안간의 명언에 우리는 웃음을 터뜨렸다. 아들린에게 행운을 빌어주는 것을 마지막으로 그만 자리에서 일어나기로 했다. 다음날 타야 할 기차 시간이 무척 일렀기 때문이다.

앙제 여행

다음날 기차 시간 운운하며 자리를 뜬 것이 민망하게도 기차를
놓쳐버렸다. 분명 가장 싼 첫차를 타서 돈을 아끼려고 어슴푸레한
새벽녘에 몽파르나스 역에 도착했으면서, 잠도 잃고 돈도 잃게
됐다.

"애초에 이런 걸로 절약할 생각을 하지 말자."

서너 시간밖에 못 잔 우리는 비싼 차표 값에 커피 값까지
지출한 뒤 잠자코 다음 편 기차에 올랐다. 목적지인 앙제까지는 두
시간이 안 걸렸다.

앙제는 프랑스 서부에 위치한 도시로 5년 전 민경이 반년쯤
어학연수를 한 곳이다. 수도 파리에서 멀지 않은 데다 루아르 강이
흘러, 대대로 왕과 귀족들이 별장과 성을 지어 머물던 도시이기도
하다. 왕과 귀족이 쓰는 말이 곧 표준어였으므로 앙제는 표준어
사용 지역이 되었고, 시간이 흘러 왕들이 사라진 자리는 표준
프랑스어를 배우러 온 유학생들로 채워졌다. 어학원에서는 볕이
좋을 때마다 학생들을 데리고 고성으로 소풍을 간다. 그러니
고성을 구경하고, 민경의 어학원 시절 담임이자 친구였던 엘리즈를
만나겠다는 우리의 하루짜리 계획은 앙제 그 자체를 담은 것이라
보아도 무방했다. 게다가 앙제로 가기로 하고 나서, 플로랑스를

비롯한 페미니스트들에 대한 기록이 앙제대학교에 보관되어 있다는
사실도 우연히 알게 됐다. 거기까지 들르면 하루가 꽉 차겠다
생각하며 도착한 앙제의 날씨는 맑고, 매우 추웠다.

며칠 내내 우중충했던 파리와 다르게 해가 나는 맑은 하늘은
기차표를 곱절 가격으로 사고 앙제까지 온 보람을 안겼다. 새파란
하늘 아래 고성은 아름다웠고 우리는 앙제의 또 다른 명물,
아포칼립스가 그려진 양탄자에 열광했다. 아침의 헛수고를 잊어도
좋을, 모든 것이 잘 풀리리라는 계시처럼 느껴졌다.

앙제대학교는 시내에서 꽤 떨어진 곳에 있었다. 우왕좌왕
시내버스를 타고 캠퍼스에 도착하니 건물 외벽마다 커다랗게 붙은

말랄라, 아렌트 등 여성들의 얼굴과 글귀가 먼저 우리를 반겼다. 아무 건물 외벽이 이렇게 되어 있는데 페미니스트 아카이브는 얼마나 멋질까. 설렘을 안고 도서관에 도착해 사서에게 물었다.

"페미니스트 아카이브는 어디로 가야 하나요?"

사서의 친절한 대답은 이러했다.

"자료 보관실은 위층인데 열람을 미리 신청하지 않았다면 들어갈 수 없어요."

우리는 좌절했다. 계시는 착각이었다. 게다가 전시관과 같은 장소를 상상했던 것과는 달리 페미니스트 아카이브란 도서관 내에 보관된 기록물들을 일컫는 것이었다. 정말 들어갈 수 없나요? 저희는 이걸 보려고 한국에서 왔는데요……. 씨도 안 먹힐 거짓말을 차마 내뱉을 용기까지는 없어 입 속에서 웅얼거리다 돌아 나왔다. 조금 전까지 맑고 아름다워 보였던 하늘이 그저 시리게만 느껴지고, 급격한 피로가 몰려왔다.

대학 휴게실에 앉아 멍하니 바깥을 보다가 마음을 다잡고 도서관이라도 좀 구경해보기로 했다. 한켠에 페미니즘 서가가 따로 나 있었다. 그곳에는 플로랑스의 저서, 시몬 베유가 낙태죄 합법화를 위해 낭독했던 선언문을 비롯해 수많은 페미니스트의 저서가 있었다. 반가운 이름과 얼굴들을 발견하는 것으로 아쉬움을 달래다 보니 어느새 엘리즈를 만나러 갈 시간이었다.

여전히 페미니스트는 유별난 존재

잠시 이야기는 민경의 과거로 간다. 그가 어학연수를 위해 앙제에 도착한 2013년 여름, 이민경은 로밍이 되지 않은 휴대폰을 붙들고 황망히 서 있었다. 휴대폰에 든 것이라고는 역에서부터 홈스테이 위치까지가 한 화면 안에 표시된 구글맵 캡처 한 장뿐이었다. 아무도 없는 거리를 지나 케밥을 파는 거리로 접어들자 아랍계 남자들이 휘파람을 불고 고함을 질렀다. 어지간하면 밤거리를 겁내지 않는데도 귀청이 찢어질 것 같은 휘파람 소리에 조금씩 심장이 두근대는 와중 휴대폰 배터리는 야금야금 닳아가는, 나름 위기 상황이었다. 게다가 휘파람과 어둠보다 큰 문제는 이민경이 방향치라는 것이었다. 한국에서도 지도를 최대한으로 확대해 상호를 대조해야 길을 찾을 수 있으면서 무슨 자신감으로 지도 한 장만을 캡처한 것인지. 와이파이가 되는 곳으로 들어갈 생각조차 하지 못한 채 어깨를 짓누르는 배낭의 무게만 느끼던 찰나, 뒤에서 누군가 말을 걸었다고 한다.

"도움이 필요해요?"

한국말이었다. 프랑스인 여자 셋이 미소를 띠고 서 있었다. 한국말로 말을 건 엘리즈는 자신이 프랑스어 교육을 공부하는 학생이며, 삼성 휴대폰을 들고 있는 것을 보고 민경에게 아는 한국어로 말을 걸어봤다고 했다. 엘리즈는 며칠 뒤 첫 학생들을 맞이할 것이라 말하며 친구들과 함께 민경을 목적지까지 데려다주었고, 홈스테이 마담을 만나는 것까지 보고 나서야 발길을 돌렸다. 그리고 3일 뒤 어학원 개강과 함께 민경이 도착한 교실에는 낯익은 얼굴의 담임 선생님이 기다리고 있었다. 엘리즈였다.

그리고 5년 뒤 다시 엘리즈를 만나는 날, 이번에는 넷이서 또 길을 잃었다. 5년 전과 똑같은 장소에서 5분이면 될 거리를 삼십 분씩 헤매고 나서 겨우 엘리즈를 만나 크레이프 식당으로 향했다.

크레이프는 프랑스 서부 브르타뉴 지방의 전통 음식인데, 브르타뉴와 인접한 앙제에서도 마찬가지로 전통 음식으로 취급된다. 얇게 부친 밀이나 메밀 반죽 위에 다양한 재료를 얹어 만든 이 요리에는 사과주인 시드르를 곁들이는 전통이 있다. 파리로 돌아가는 기차 시간이 겨우 한 시간 남짓 남았지만 충실히 전통을 따르기로 했다.

민경의 친구여선지 엘리즈에게는 궁금한 것들을 더 편안하게 물을 수 있었다. 아들린과 비슷한 나이대인 엘리즈 역시 길거리 성희롱이 요즘 가장 이슈가 되는 사안이라는 데 동의했다.

"이게 별 거 아니라고들 하지만 한 번 길을 지나가는데 대여섯 번씩 똑같은 일을 겪는 건 결코 작은 일이 아니지."

그리고 이어진 말도 아들린의 고민과 닿아 있었다.

"남자친구가 생겼는데, 이 문제가 나한테 얼마나 큰지 설명하는 데 힘이 많이 들어서 피곤해."

낙태에 대해서도 물었다. 낙태한 여성에게 죄의식을 안기는 분위기가 있는지 질문하자 엘리즈는 고개를 끄덕였다. 프랑스도 보수화되고 있다고 느끼느냐는 물음에도 역시 그렇다고 답하며 대통령 선거를 예로 들었다. 프랑스는 대통령 선거를 두 번 한다. 우선 1차로 투표를 진행해서 한 명이 과반수를 받지 못한 경우에는 가장 표를 많이 받은 두 명을 가려낸다. 그리고 그 두 후보로 2차 투표인 결선을 해 대통령을 뽑는다. 지난해 봄 있었던 대통령 선거에서는 극우 진영에 해당하는 국민전선의 마린 르펜 후보가 결선까지 올라갔다. 결국 당선에는 실패했지만 많은 후보 가운데 그가 2등으로 결선에 올라간 것만으로도 당시 프랑스 사회는 큰 충격에 빠졌다. 엘리즈는 그때 마린 르펜의 공약이 낙태를 불법화하겠다는 것이었다고 말해주었다. 극우 진영 지지도 역시 계속해서 올라가는 추세다. 실제로 프랑스에서는 보다 보수적인 스페인을 본받아 낙태를 불법화하자는 목소리가 거세지고 있다. 그리고 낙태가 합법이긴 하지만 낙태 수술을 받을 병원을 찾는 게 생각보다 어렵다고 한다. 의사에게 낙태 수술을 거부할 권리가 있기 때문이다. 심지어 직접적으로 수술 거부를 하지 않더라도 마치 수술을 해줄 것처럼 말하면서 계속 일정을 미루는 사이 임신 12주를 넘겨 수술을 받지 못하게 하는 일들이 엄연히 불법임에도 자주 일어나고 있다고 한다. 한국에 비하면 낙태가 여성의 권리로서 보장되어 있는 프랑스에서마저 이런 일들이 벌어지고 있다는 것은 충격적이었다. 그럼 낙태에 관한 교육은 이루어지는지 묻자, 그 대답 역시 실망스러웠다.

"학교마다 다른데, 피임은 여자한테만 가르쳐. 우리는 대체로 피임약을 먹는데 사실 콘돔은 성매개 질환을 예방하기 위해서도

크레이프 맛집에서 엘리즈와 함께

써야 하잖아. 그런데 남자들이 보통 쓰는 걸 안 좋아해."

엘리즈는 어학원 강사로, 마르틴이나 플로랑스와는 달리 운동을 일으키는 활동가보다는 운동에 영향을 받는 대중에 가까웠다. 그런 만큼 엘리즈에게서는 프랑스의 페미니스트 여성으로서 일반적 인식을 듣고 싶었다. 그의 친구들은 대부분 페미니스트라 이런저런 얘기를 편하게 하는 편이라지만, '일반적 인식'이라는 말에 고민하는 엘리즈를 위해 다시 물었다.

"만일 너와 친한 사람들이 아니라 무작위로 모인 자리에서 낙태 얘기를 한다고 생각해보면?"

"아마 내가 극단적이라고 생각할 거야."

엘리즈는 답했다. 그는 남성이 여성에게 행하는 폭력이

로맨스라고 받아들여지는 것을 비판하고 성관계에서 합의가 보다 중요하게 다루어져야 하며, 콘돔을 사용해야 한다고 주장하는 것뿐임에도 말이다.

우리는 유럽 각국의 낙태권 활동가들의 이야기뿐 아니라 일상에서 페미니즘을 하나의 주제로 받아들이는 일반 여성들의 인식에 대해서도 듣고 싶어 유럽으로 왔다. 대대적으로 일어났고 결국 명징한 승리를 거두었던 낙태권 투쟁이 그 투쟁을 만들어낸 사람, 동참한 사람, 멀리서 응원한 사람, 아무 관심도 기울이지 않은 사람들의 삶에 각각 어떤 변화를 일으켰는지 알고 싶었다. 페미니즘과 여성 개인의 삶 사이 거리가 얼마나 되는지에 따라 같은 사회를 살아가는 두 사람의 삶이 서로 다른 사회에서 페미니즘과 삶의 거리를 비슷하게 유지하는 사람의 삶보다 차이가 클 수도 있다.

한참 대화를 하던 중 건너편 테이블에서 누군가가 "엘리즈!" 하고 크게 소리쳤다. 아까 식당에 들어서 우리와 인사했던 엘리즈의 어학원 동료들이었다. 이 식당이 어학원 근처의 가장 맛있는 크레이프 집이었기 때문에 강사들과 학생들은 자주 이 곳을 찾았다. 이미 인사를 하고 식사를 하던 중에 엘리즈의 이름을 부른 건, 엘리즈가 '콘돔'이라는 단어를 언급한 게 들려서였다. 동료들은 대체 무슨 얘기를 하고 있는 거냐는 표정으로 크게 웃었다. 엘리즈는 어깨를 으쓱했다. 이 돌연한 해프닝으로, 프랑스 사회에서 페미니즘을 말하기가 충분히 자연스럽지 않고 관련 주제를 꺼내면 유별난 사람으로 보이기 십상이라던 엘리즈와 아들린의 말이 단숨에 이해되었다. 그리고 엘리즈는 목소리를 낮춰, 방금의 상황에 대해 조금 더 첨언해 주었다.

"친구들끼리는 이야기하지만, 공공장소에서 이런 말을 하면 이상하게 들리지."

사과주 한 병을 다 비워갈 즈음, 늘 궁금했던 것을 엘리즈에게도 물었다. "너희는 어떻게 낙태권을 갖게 된 건지 학교에서 배웠어?" 엘리즈는 고개를 저었다. "아니, 학교에서는 안 가르쳤을 걸. 나는 아마 어디서 우연히 들어서 알았던 거 같은데." 주어지지 않은 권리를 거머쥐고자 싸웠던 과거를 배우지 않으면 과거와 현재는 단절된다. 투쟁 이전을 살지 않았던 이들에게 권리는 태초부터 있던 것, 확대되지도 축소되지도 않는 것으로 남는다. 특히나 여성의 권리를 걸고 싸운 투쟁의 역사는 우연한 기회가 아니면 잘 전해지지 않는다. 프랑스에서 1970년대 초반부터 시작되어 1975년 법제화에 성공한 낙태권운동은 68혁명의 영향을 받아 진행되었다. 그리고 올해는 68혁명 50주년이다. 엘리즈를 만나고 돌아가는 길, 거리의 가판대는 지나간 투쟁인 68혁명 기념호와 새로운 투쟁인 미투 특별호로 채워져 있었다.

파리와의 허술한 작별

파리를 떠나는 날 마지막으로 우리는 시몬 베유가 안장되었다는
팡테옹으로 향했다. 아우슈비츠 생존자, 피임 기구 판매를
촉진하고 낙태 허용 법안을 제정한 프랑스 보건부 장관, 유럽의회
초대 의장. 생전에도 여러 수식어가 따라붙었던 시몬 베유는
국립묘지에서 영원히 잠들게 되었다. 프랑스 여성 단체에서 베유를

팡테옹 안에서 바라본 돔 천장

팡테옹에 안장된 마리 퀴리

팡테옹에 안치하라는 청원운동을 벌인 결과였다. 팡테옹에 묻힌
인사는 총 70명이며, 그중 여성은 단 네 명이다.

베유를 만나러 가는 길, 파리는 언제나처럼 비가 추적추적
왔다. 마침 팡테옹에서는 이곳에 안장된 네 여성 중 한 명인 마리
퀴리 특별전을 하고 있었다. 그의 업적을 살펴보다 아래층으로
내려갔는데, 아무리 찾아도 베유의 이름이 없었다. 불길한 예감에
사로잡혀 안내원에게 물었다.

"시몬 베유는 어디 있나요?"

질문을 하면서 앙제대학 사서에게서 느낀 것과 같은 기시감이
들었다. 아니나 다를까, "그는 없다"는 대답이 돌아왔다. 국장이
진행된 사진과 안장 확정 기사를 보고는 사진에서 본 장례식이 끝난

뒤 베유가 팡테옹으로 향했을 것이라 생각했으나 안장이 실제로
이루어지기까지는 시간이 걸리는 모양이다.

　　"베유가, 없대……. 아직."

　　나중에 알아보니 시몬 베유의 안장일은 우리의 여행이 끝나갈
무렵인 2월 중순에야, 7월 1일로 정해졌다.

　　"우리 정말 허술하다."

　　하나마나한 소리를 하며 터덜터덜 팡테온을 빠져나와,
몽마르트르나 구경하기로 했다. 파리에서의 일정 동안 우린
약속이나 한 듯 관광에 별 관심이 없었는데, 그래도 에펠탑과
오랑주리 미술관, 몽마르트르 언덕만은 봤다. 그리고 북역으로
향했다. 이제 기차를 타고 국경을 넘어, 네덜란드로 간다.

네덜란드로 가는 기차 안에서

2장
네덜란드
Netherlands

파도 위
여성들의 나라

수도	암스테르담(Amsterdam)
낙태 허용	임신 24주까지 가능
낙태 처벌	지정되지 않은 병원에서 시술 시 의료인에게 1년까지 징역형 부과
합법화 시기	1984년
주 낙태 방법	약물 및 수술
특이사항	5일간의 숙려 기간을 거쳐 지정된 낙태 클리닉에서만 수술을 받을 수 있음

레베카 곰퍼츠를 만나다

네덜란드는 우리가 유럽 낙태 여행을 떠올리는 시발점이 된 나라다. 네덜란드의 '위민 온 웨이브' 그리고 레베카 곰퍼츠. 어떻게 보면 우린 그를 만나기 위해 이 여행을 시작했다. 블라디보스토크에서 레베카에 대해 말을 꺼낸 민경이 그를 처음 알게 된 건 5년 전, 여성인권영화제에서 다큐멘터리「파도 위의 여성들(Vessel)」을 번역하면서다. 다큐멘터리는 낙태약을 널리 알리고 보급하기 위해 세계를 건너다닌 레베카 곰퍼츠와 위민 온 웨이브의 용감하고도 격렬한 투쟁을 담고 있다. 여행을 결정한 뒤 넷이 같이 다시 시청했고 우리 모두 울었다. 왜 여성이 임신 중단 권리를 가져야 하고 이것을 법으로 보장해야 하는지, 왜 이 싸움이 필요한지에 대한 결의와 확신을 다시 한 번 다지는 계기가 됐다.

다시 정식으로 소개하면, 레베카 곰퍼츠는 네덜란드 출신 의사이자 예술가다. 여성의 재생산권을 위한 단체인 위민 온

「파도 위의 여성들」 속 레베카

웨이브와 위민 온 웹(Women on Web)의 창시자다. 영토로부터
일정 거리까지의 바다, 즉 영해는 해당 국가의 법이 적용되는
공간이지만 어느 해역부터는 국제법이 적용되어 선박의 국적 법을
따른다. 그렇다면 낙태가 합법인 네덜란드 배가 낙태가 불법인
국가의 영해를 살짝 비껴서 국제수역에 정박한다면? 낙태가 불법인
국가 근처에 갑자기 낙태가 합법인 공간이 만들어진다! 「파도
위의 여성들」은 이 아이디어에서 출발하여 한 척의 배를 가지고
이곳저곳을 돌아다니는 위민 온 웨이브의 활동을 담은 영화다.
레베카는 여성의 재생산권을 위하여 처음에는 배로, 그다음에는
웹사이트를 통해서 아일랜드, 폴란드, 포르투갈, 탄자니아,
에콰도르를 비롯한 전 지구적 연대를 도모한다.

　　서문에 적었듯 레베카의 이름을 떠올렸을 때 우리는
블라디보스토크에 있었다. 시칠리아에 가보고 싶다는 두루의
말에 다들 설득되어가던 중 시칠리아는 유럽, 유럽에는 네덜란드,
네덜란드에는 레베카 곰퍼츠, 그렇다면 낙태 여행—이라는, 마치
사과는 맛있어, 맛있으면 바나나 급의 황당한 도식이 성립됐다.
그리고 이 황당한 말은 메일을 보내고, 뜻하지 않게 기꺼운 답장을
받고, 다른 나라의 활동가들을 만나는 계획을 세우는 데까지
이르러 우리는 지금 유럽에 있었다. 블라디보스토크의 마트에서 산
보드카를 잔뜩 마시고 취했던 그날로부터 딱 반년 만에 대마 냄새가
자욱한 암스테르담의 게스트하우스에 정말로 도착하게 된 것이다.

　　우리에게는 그저 '레베카 곰퍼츠가 있는 나라'였던 네덜란드는

물보다 땅이 낮다는 운하의 나라, 성매매와 대마초가 합법인 나라, 만화에 나오는 커다랗고 둥근 고다 치즈, 튤립, 풍차의 나라다. 그밖에도 유럽의 페미니스트에게 네덜란드는 유토피아, 롤 모델, 달성해야 할 구체적인 목표쯤 된다. 낙태가 합법화된 나라는 많이 있지만 네덜란드는 임신 24주까지 낙태가 허용된다는 점에서 독보적인 국가이기 때문이다. 참고로 민경에게 네덜란드는 뜨거운 커피 잔 위에 올려두면 와플이 말랑해지면서 사이에 든 카라멜이 녹아내리는 천재적인 간식인 스트룹 와플의 나라였다고 한다.

대마초와 관련된 제품이 많다.

천재 간식 스트룹 와플

　2월 초의 암스테르담은 아름답고 칼바람이 불었다. 도착한
이튿날 우리는 버스를 타고 운하를 중심으로 난 시가지에 내려,
작품 같은 건물들 사이를 지나 위민 온 웨이브 사무실로 향했다.
일반 주택 현관을 열고 들어가니 영화에서 본 위민 온 웨이브
로고가 붙은 문이 있었다. 떨리는 마음으로 문을 두드리니 전날
밤 숙소에서 다 함께 복습했던 영화 「파도 위의 여성들」에서와
같은 웃는 얼굴로 우리를 반갑게 맞아주는 레베카가 있었다. 크지
않은 사무실 안에는 레베카 외에도 세 명의 활동가가 일을 하는
중이었다.

　소개를 마치고 테이블에 둘러앉았다. 레베카는 한국 상황에

위민 온 웹에서 사용자

대해 꽤 정확히 파악하고 있었다. 「파도 위의 여성들」이 한국에서 상영된 사실이나 한국의 검은 시위, 낙태 합법화를 위한 온라인 청원이 20만 서명을 넘긴 것도 전부 알고 있었다. 알고 보니 그는 오는 7월에 한국에서 새로운 프로젝트를 계획하고 있었다. 의사 윤정원 씨와 연락을 했고 한 페미니스트 단체에도 연락을 취했다고 했다. 온라인으로 낙태약을 나누어주는 위민 온 웹을 찾는 한국 여성들이 많고, 위민 온 웹에서 일하는 한국인 활동가가 있다는 사실도 들을 수 있었다.

　더 나은 세상을 만들기 위해 저마다의 분야에서 고투하는 활동가들을 보면 같은 의문이 든다. 세상에 필요한 다양한 일 중 바로 이 일에 끌리게 된 이유가 무엇일까? 레베카에게 물었다. 왜 당신은 다른 무엇도 아닌 세계 여성의 재생산 권리를 위해 싸우게 되었는가? 레베카는 이미 수없이 들었을 게 분명한 이 질문에 자못 난감해 하면서 답했다.

위민 온 웨이브의 레베카 곰퍼츠

"솔직히 이 질문은 답하기가 매번 어려운데, 어떤 일을 하기로 결정하는 데는 많은 층위가 쌓여 있기 때문이에요."

그는 그렇게 얘기를 시작했다. 레베카는 사회 정의에 민감한 어머니 아래서 자라났다. 어려서부터 평등과 정의가 중요하다는 말을 들었고, 의사가 되면서는 의사로서의 책임감도 갖게 됐다. 그러던 중 그린피스에서 자원활동가로 일하게 되었다. 위민 온 웨이브를 만든 건 그때의 경험이 큰 영향을 미쳤다.

"그린피스에서 배를 타고 환경운동을 위해 항해를 시작했을 때, 내가 무엇을 해야 할지 모르겠는 시기를 보냈어요. 의료는 전문 분야이고 매우 흥미롭지만 남성 지배적인 영역이어서 역량을 충분히 펼칠 다른 방법을 찾던 중이었죠."

그린피스에서의 활동은 레베카가 의대에서 배우지 못했던 정치와 법적 시스템에 대한 의식을 가지게 해주었다. 그는 그린피스 소속 의사로서 세계를 다니면서 세상이 어떻게 돌아가는지, 삶

속에서 정치와 법, 정책이 어떻게 조화되는지 배웠다.

"낙태 클리닉에서도 일을 했어요. 아버지가 아프리카에서 일을 해서 나도 한동안 거기서 일했는데, 피를 흘리면서 죽어가던 여성을 많이 봤죠. 아직도 한 여성이 겨우 목숨을 건졌던 어느 날 밤이 생생하게 기억납니다. 하지만 아프리카는 보건 서비스가 전반적으로 엉망이어서 여성들이 병원에 오는 것과 낙태가 불법이라는 것 사이에 어떤 관련이 있는지를 몰랐어요. 의료 시스템이 작동하지 않아 많은 이가 의료 서비스에 접근하기 어려웠기에 그런 일이 일어난 거였어요. 다양한 경험이 결합되는 와중에 낙태에 대한 문제의식을 가지면서 지금과 같은 활동을 하고 싶다는 마음을 가지게 됐죠."

그렇게 레베카는 위민 온 웨이브를 만들었지만, 여성의 권리에 선진적인 의식을 가진 네덜란드임에도 막상 그가 여성의 낙태권을 위한 단체를 설립했을 때 이 사회에 존재하는 금기를 직시하고 충격을 받았다고 했다. 그가 이 일을 시작하자 주변인들은 "왜 그런 일을 하는 거야?"라고 물었다. 레베카는 그때 처음으로 낙태에 대한 지독한 낙인을 실감했다고 한다.

낙태는 금기다. 낙태라는 행위에는 낙인이 찍혀 있다. 낙태가 아무리 합법적 시술이라 해도 사람들은 이것을 잘못으로 여기고 이 경험에 대해 말하지 않는다. 그러므로 낙태와 관련한 수많은 여성의 수많은 경험은 찾아가서 물어야만 겨우 들을 수 있는 이야기이며, 좀처럼 가시화되지 않는다. 레베카는 멕시코에서 직접 여성들에게 낙태 경험에 대해 묻지 않았다면 그들이 자신이나 다른 의사들에게 절대로 자신들의 이야기를 꺼내지 않았을 것이라고 했다. 낙인은 문제를 숨기고 눈에 띄지 않게 만든다. 그래서 여성의 현실을 바꾸기 위해서는 낙인을 거두어야 한다. 이 낙인이 건재하다면 낙태는 사람들 사이에서 논의 가능한 이슈가 될 수 없다.

"나는 가장자리에 있기를 좋아하는 것 같아요." 레베카는 자신의 성향을 그렇게 설명했다. 낙태 이슈가 정착되지 않은 곳, 아직도 싸워야 할 게 많고 싸움이 필요한 곳으로 가서 일을 벌이는 게 재미있다고 했다.

"어떤 문제가 있을 때 제일 가장자리에 서야 해요. 중간에서는 변화를 만들 수 없어요."

레베카는 의사인 만큼 이 문제를 해결할 능력도 가지고 있다.

"우리 모두 각자의 능력을 사용할 수 있는 최적의 방법을 찾기 마련이에요. 나는 이 일을 정말로 즐기고, 이 일에서 에너지를 얻어요. 느껴져요?"

우리는 동시에 고개를 끄덕였다. 시종 눈을 빛내는 그에게서는 누구라도 즉시 활력을 느낄 것이다.

"여러분도 활동가로서 같은 마음일 거예요. 좋아하지 않는 일을 하거나 인생을 낭비하는 게 아니라, 많은 에너지를 주고 중요하다고 생각하는 것을 위해서 싸우고 있는 거죠?"

우리 역시 그렇다. 중요하다고 생각하는 일, 싸우지 않을 수 없는 일이라고 생각했기에 페미니즘 운동을 시작했고 페미니즘

출판사를 하고 있다. 그리고 여기까지 왔다. 하지만 이 일이 활기를
준다는 감각은 사실 좀 잊고 있기도 했다. 물론 즐겁고 의욕이
있을 때도 많지만, 때로는 소모적이고 좌절감이 든다. 우리는
레베카의 에너지와, 그가 싸우는 방식에 감명을 받았다고 전했다.
그는 의사로서 자신이 할 수 있는 일에서 운동을 확장해나갔으며
동시에 대단히 창의적인 방식으로 활동해왔다. 위민 온 웨이브는
금기를 깨부수고 낙태를 기본적인 인권의 맥락 위에서 새롭게
프레이밍하는 데 중점을 두고 있다.

레베카는 선물로 가져간 봄알람의 책을 아주 마음에 들어했다.

"디자인이 정말 아름다워요. 이것도 변화를 만들어나가는 데
중요한 부분이라 생각해요."

그는 예술학교를 다녔기 때문에 미적인 부분이 얼마나
사람들의 관심을 끌며, 행동을 바꾸는 데 기여할 수 있는지 알고
있다고 말했다.

"페미니즘 운동이 이 부분을 간과한 면도 있어요. 디자인으로

봄알람 책과 굿즈 선물에
기뻐하는 레베카

좋은 커뮤니케이션을 이어나가는 건 멋진 일이에요."

우리가 위민 온 웨이브의 로고도 예쁘다고 대답하자 레베카는 "우리 로고도 전문 디자이너가 만들었다"며 웃었다. 위민 온 웨이브의 로고는 파도 위를 항해하는 배 모양이다. 혜윤이 영화를 보면서부터 생각했다며 머뭇대며 말했다.

"이게……. 가운데 손가락 모양과 비슷하네요."

"아, 그렇죠."

"혹시 의도한 건가요?"

레베카는 웃음을 터뜨렸다.

"아뇨, 아뇨. 의도한 거 아녜요."

위민 온 웨이브의 로고

레베카는 의학대학과 예술대학을 나왔다. 그리고 두 분야를 창의적으로 조화하여 활동을 해나가고 있다.

"하지만 내가 이렇게 할 수 있었던 건 내가 네덜란드인이기 때문이에요."

의대와 예술학교가 전부 무료였기 때문에 학비 걱정 없이 두 학교를 다 다녔고 지금의 그가 있다.

낙태라는 터부

낙태를 둘러싼 금기를 깨는 일, 낙인을 거두는 일은 중요하다. 그런데 그것은 어떻게 가능할까? 우리는 레베카와 만나기 전날 인터뷰를 준비하며 우리 자신이 낙태에 대해 가지고 있던 생각을 나누었다. 페미니스트가 되면 관점이 서서히 바뀌기 때문에 좀 더 보편적인 인식에 접근하기 위해서는 과거의 나를 불러내야 한다. 민경은 과거에, 낙태가 불쌍한 아기를 죽이는 이기적인 일이지만 만일 아이를 낳을 수 없는 상황에서 임신하는 일이 생긴다면 어쩔 수 없이 해버리고 말 거라고 생각했다고 말했다. 두루는 낙태가 생명을 죽이는 일이라고 생각해본 적은 없지만 어쨌든 언제든 일어날 수 있는 일 가운데 가장 겪고 싶지 않은 일이라 생각했다고 했다. 우리는 모두 낙태가 끔찍한 일이며 어느 정도는 잘못이라는 인식을 갖고 있었다는 데 동의했다. 그렇기에 임신은 결코 일어나선 안 되는 일이었다. 하지만 현실은 어떤 여성이든 원치 않는 임신을

할 수 있고, 실제로 많은 여성이 어쩔 수 없이 낙태를 선택한다는
것이다. 낙태를 하고 싶어하는 여성은 없다. 하지만 이 일은
일어난다. 낙태는 죄악시될 것이 아니라 상황에 따라 선택 가능한
의료 서비스가 되어야 한다. 그러나 낙태가 여성의 방종에 따른
생명 살해라는 인식은 상당히 강력하다. 레베카에게 물었다. 이런
낙인을 어떻게 극복할 수 있을까?

"설득이 쉽지 않다는 데 동의해요. 사람들이 낙태에 가지는
미신과 오해를 없애는 일이 중요합니다. 보통은 낙태를 이야기할
때 '멍청하고 문란한 젊은 여자'라는 이미지를 떠올리기 마련인데
이건 현실에 부합하지 않아요. 그런 여성에게도 낙태할 권리가
있어야 한다는 건 물론이고, 낙태하는 여성들 중 절반 정도가 이미
아이가 있는 기혼 여성입니다. 우리가 가지고 있는 통념이 현실과
어떻게 다른지 이야기하고, 드러나지 않은 현실을 가시화하는 게
중요해요."

그밖에도 잘못된 통념은 많다. 예컨대 피임약을 먹지 않아
임신했다며 여성을 비난하는 것도 다시 생각해봐야 한다. 모든
여성이 고정된 연애 상대와 예상 가능하게 성관계를 맺는 것도
아니고, 부작용으로 몸이 아프거나 몸에 이상이 있어서 피임약을
복용하기 어려울 수도 있기 때문이다. 레베카는 여성이 피임을
안 한 것을 흔히 비난하는 대신 이렇게 물어야 한다고 말했다. 왜
남자를 위한 피임약은 없는가? 남자들은 왜 피임하지 않는가? 왜
원치 않는 임신에서 여성에게만 책임이 전가되는가? 이어서 그는

낙태 수술의 통계적 현실에 대해서도 지적했다.

"낙태가 매우 드문 일처럼 여겨지는 것도 현실과 달라요.
낙태는 세계에서 가장 많이 행해지는 의료 시술입니다. 한국에서도
그렇고, 일생에서 낙태를 경험하는 여성은 전체 여성의 3분의 1정도
되어요. 그래서 낙태를 비난하는 남성들에게 우리는 이렇게 말하죠.
'당신 어머니에게, 이모에게, 할머니에게 가서 물어보세요.'"

이런 통계적 사실을 똑바로 보고 있다면 낙태가 비윤리적이고
비난받아야 할 일이라는 생각은 할 수 없다. 그러므로 이런
오해를 해체해야 한다. 사람들을 낙태권 문제에 더 공감하게 하기
위해서도 이는 중요하다.

"사람들은 낙태를 하는 건 소수의 나쁜 여자들뿐이라고
생각하지만 낙태라는 일이 누구에게나 일어날 수 있고 아주 많은
사람이 경험하는, 상당히 보편적인 일이란 걸 이해하면 생명을
둘러싸고 더 다양한 이야기가 나올 수 있다고 생각해요."

그리고 레베카는 "낙태는 윤리적인 선택"이라고 말했다.
고통을 예방해주기 때문이다. 어떤 사람이 임신을 했을 때 자신이
아이를 낳아 제대로 양육할 수 없는 상황이라 판단할 수 있고,
또 그에게 이미 자녀가 있다면 아이를 키우는 일이 얼마나 막중한
책임이 부과되는 일인지 알고 있을 것이다. 준비되지 않은 채
아이를 낳을 경우 아이에게 충분한 사랑을 쏟지 못할 수 있고, 이는
아동학대로 이어질 수도 있다.

"생명을 두고 선택을 하는 것 자체가 이미 삶의 일부예요.

어려운 일이지만 비윤리적이라고 볼 수 없어요."

이어지는 조언은 남성들에게도 해당하는 일을 언급해서 생각을 뒤집어보도록 하는 방법이었다. 예컨대 바람을 피우는 경우를 생각해보자. 사람들이 나쁘다고 생각하는 일이 반드시 법적으로 처벌받아야 하는 일은 아니라고 레베카는 말했다. 낙태뿐 아니라 누군가가 삶에서 하는 어떤 결정이든 누군가에게는 도덕적 비난거리가 될 수 있다. 하지만 그렇다고 그게 꼭 법적 판결의 대상이 되는 것은 아니다. 낙태라는 결정에 동의하지 않는 사람들이 있다고 해서 그것이 국가에 의해 처벌받을 죄가 되지는 않는다는 것이다.

"우리는 타인의 어떤 행위에 잘잘못을 판단하게 만드는 사회 윤리 안에서 자라났지만 사실 삶에서 일어나는 대부분의 문제는 스스로 결정해야 하는 것이지요. 개인의 결정을 존중하는 건 사회의 기본이고, 낙태도 다르지 않아요."

윤리와 법에 따라 타인이 타인의 삶을 결정하는 사회에 살고 싶은지, 개개인의 상황에 따른 선택이 존중되는 사회에서 살고 싶은지를 생각하면 답은 명백하다고 레베카는 설명했다. 그런 의미에서도 낙태를 개인의 선택으로서 존중하기 위해 낙태와 관련해 근거 없이 자리한 믿음들을 해체하는 일이 정말로 중요하다.

우리는 자라면서 '낙태'라고 했을 때 배가 많이 부른 임신부가 뱃속에 그려진 아이를 제거한다는 식의 이미지를 접했고, 학교를 다닐 때는 태아를 조각내는 영상으로 성교육을 받았다. 그렇게 말하자 레베카는 곧바로 "가톨릭학교를 다녔느냐"고 물었다.

"두루가 다녔어요."

"네. 학교에서 수녀님이 성교육을 하셨고 순결캔디를 나눠줬어요."

"유감이네요."

웃으며 레베카는 그래도 지금 여기에 있네요, 라고 말했다.

낙태라는 선택

그 자신이 의사이며, 낙태권을 갖지 못한 나라의 여성들에게
낙태약을 스스로 처방할 수 있는 레베카와 달리 우리는 전문가가
아니다. 페미니스트 출판사로서 우리가 할 수 있고 하려는 일은
의료 행위나 정치적 개입이 아니라 우선 낙태라는 말에 연관되어
떠오르는 거짓된 이미지들을 타격하는 것이다. 그런 우리의 목표에
대해 말하니 레베카는 고개를 끄덕였다.

"그리고 논쟁해야 해요. 여성이 자신의 낙태 경험에 대해
이야기할 수 있는 것이 정말 중요해요. 위민 온 웹에는 '나는
낙태했습니다' 난이 있어요. 한국인들이 한국어로 쓴 글도 있어요."

레베카는 바로 사이트에 접속해 한국어로 쓰인 내용들을
보여주었다. 한 문장이 눈에 들어왔다.

"나는 스스로가 나 자신에 대해 책임감 있는 사람이라고
생각한다."

레베카에게 번역해주자, 그가 대답했다.

"맞아요. 이게 아주 중요해요. 단순히 낙태 경험에 대해서만
말하는 게 아니라 낙태가 자신의 삶을 위해 내린 윤리적인
결정이라고 말할 수 있어야 하죠."

"죄책감을 덜기 위해서요?"

레베카는 고개를 끄덕이는 동시에 덧붙였다.

"맞아요. 그런데 죄책감이 꼭 윤리와 연결되어 있다고 할 수는
없어요. 죄책감은 미래를 바꾸기 위해 스스로 적극적인 행동을

했을 때 들 수 있는 감정이에요. 예를 들어 어떤 사람과 헤어지기로 결정했을 때나 법을 어겼을 때 전부 죄책감을 느끼죠. 이 감정은 겁과도 연결되고요. 어떤 결정을 내리고 앞으로 어떤 일이 일어날지 모를 때 말이에요."

이 말을 들으며 학교에서 동성애나 낙태에 대해 토론할 때를 떠올렸다. 흔히 '동성애에 찬성하냐, 반대하냐' '낙태에 찬성이냐, 반대냐'고 질문을 한다. 그런데 이 질문은 말이 되지 않는다. 낙태는 찬성하거나 반대할 문제가 아니다. 애초에 삶에서 부러 낙태를 하고 싶다고 원하는 사람은 없는데, 이렇게 질문을 만들면 우리가 낙태하는 순간을 떠올렸을 때 드는 부정적인 감정이 곧 낙태라는 행위 자체에 대한 반대, 나아가 임신 중단 합법화에 대한 반대처럼 인식되어버린다. 낙태는 나쁜 일이며 따라서 불법이어야 하지 않을까, 같은 식이다. 낙태를 원치 않는 것과 낙태가 법으로 규제되는 것은 전혀 다른 문제인데도 말이다.

레베카는 이런 인식의 함정들에 동의하면서 "그래도 여론은 법적 논의의 진전에 따라 바뀔 수 있다"고 말했다. 포르투갈에서는 2006년 낙태가 합법화된 뒤에 여론이 바뀌었고, 폴란드는 합법이었던 낙태가 불법화되면서 낙태를 죄악시하는 분위기가 빠르게 강화됐다. 유럽에서 가장 강력한 낙태 규제법을 가진 아일랜드의 경우 대중의 인식도 그 영향을 분명히 받는다. 레베카는 아일랜드에 낙태약을 보냈다.

"불법인데 낙태약을 준 거죠?"

레베카는 갸웃거리며 답했다.

"그렇다고 볼 수 있겠죠? 그러나 불법이라고만 할 수 없는
게, 이게 왜 불법인지에 대해 법적으로 논쟁할 수 있기 때문이에요.
현행법상으로는 불법이지만 이게 불법으로 정해진 상태가 과연
타당한가를 논할 수 있잖아요."

레베카는 낙태약을 구할 수 있는 사이트가 한국에도
활성화되어 있느냐고 물었다. 팔더라도 가짜가 많은 모양이라
대답하니, 레베카는 우리에게 그 약을 주문해보지 않았느냐고 했다.
듣고 보니 그렇다. 직접 주문해 검증을 해볼 생각은 하지 못했다.
강간 약물과 낙태약을 함께 파는 온라인 광고가 있는데 그런
사이트는 주로 남성들이 이용하는 게 아닐까라고 말하자 레베카는
깜짝 놀랐다.

"약물로 강간을 하고 낙태약을 먹이는 거면 낙태약은
혀 안에서 녹여야 하는데 대체 그걸 어떻게 하겠다는 거죠?
끔찍하군요."

이어서 레베카는 어떤 약을 의심해야 하고 어떤 약이 믿을
만한가에 대해서는, 의사와 환자 간의 권력관계를 염두에 두고
접근해야 한다고도 조언했다.

"의사들은 약물보다 수술에 익숙해서 수술 낙태를 우선하는
방식을 유지하고 싶어하기도 해요. 때문에 이 경우 낙태약이
위험하거나 가짜라더라 같은 이야기보다는 약물 낙태가 어떤
면에서 좋은 방법일 수 있는지에 대해 말해야 하거든요."

이것도 금방 무슨 말인지 이해가 됐다. 한국에서는 낙태약을 처방하거나 사용해본 적도 없으면서 '위험해서 안 된다'고 말하는 의사들이 수두룩하다. 위민 온 웨이브에서 낙태약을 나누어주며 이들이 그 안전도에 대해 믿을 만한 통계를 만들어온 십수 년간 눈과 귀를 막은 채 수술 낙태를 고집하는 상황이다. 실제로 한국에서는 아직 '낙태'라고 하면 약물 낙태를 떠올리지조차 않고 바로 임신 중절 수술을 상상한다. 낙태에 대한 인식은 여러 요인이 결합된 결과로 만들어지고 거기에는 권력이나 경제 논리도 포함된다. 한국 사회의 터부와 잘못된 정보들, 법적 여건의 열악함 가운데서 낙태를 선택하고 위민 온 웹에 "나 자신에게 책임감 있는 사람이 되기 위해서"라는 리뷰를 남긴 여성은 얼마나 현명하고 용감한가.

그렇다면 애초에 국가는 왜 낙태를 처벌하고 싶어할까? 우문이 될 수도 있겠지만, 레베카의 생각을 물었다. 레베카는 각 국가의 역사나 종교에 따라 조금씩 다르겠지만, 기본적으로는 인구 통제 문제로 볼 수 있지 않을까라고 대답했다.

"국민은 국가에 매우 중요해요. 국민이 느느냐 주느냐가 항상 중요한 문제죠. 자국민을 생산할 수 있는 능력은 여성에게 있어요. 만일 국가가 재생산 능력을 통제할 수 있다면 강력한 정치적 도구를 손에 넣는 셈이 되겠죠. 인구 통제를 통해 정치적 힘을 행사할 수 있다는 면에서 낙태를 죄로 규정했을 거라고 생각해요."

한국은 언제부터 낙태가 불법이었을까? 찾아보니,

조선시대에는 타인이 여성을 구타해서 유산이 이루어진 경우에만 타태죄라는 죄로 규정했다. 임부의 신체 일부를 훼손했다는 명목이었다. 그런데 기독교 윤리관과 근대국가 형법의 영향을 받은 일본법을 받아들이면서 상해죄의 일부로 간주되던 죄가 낙태죄로 새롭게 생겨났다. 인구 증가가 곧 국익이라는 관념에 더해 여성의 정절과 도덕이라는 명목이 낙태죄를 지속시켰다. 그런데 일제강점기에서 해방된 직후 경제가 어려웠을 때에는 인구 증가가 곧 국익이라는 시각과 가난의 원인이라는 시각이 상충했다. 낙태죄를 전면 삭제하느냐 마느냐를 두고 충돌한 끝에 낙태죄 처벌조항이 통과되며 최초의 형법에 낙태죄가 존립하게 되었다.[6]

낙태를 처벌하는 것의 근원에 대한 레베카의 접근은 플로랑스와는 조금 달랐다. 프랑스에서 만났던 플로랑스는 원죄와 '쾌락에 대한 선한 형벌' 개념을 말했었다. 그에 대해 이야기하자 레베카는 "그렇게 생각해본 적은 없다"고 대답했다. 레베카에게 낙태법은 좀 더 정치적인 힘과 직결된 도구다. 얼마나 많은 아이가 태어날 수 있느냐는 문제가 국력을 좌우하던 현실로부터, 국가에 의한 낙태 규제가 생겨났으리라고 말했다. 페미니스트로서의 소명으로 낙태 투쟁을 한 활동가와 사회 정의를 위해 페미니즘적 운동을 하는 활동가의 시각 차이가 흥미로웠다. 한국의 낙태 금지에 대해 물으면서 레베카는 "프랑스의 식민지였느냐"고 했고 일본이라고 대답하자 그럼 일본법의 영향을 받았느냐고 물었다.

"식민주의가 낙태 불법화에 영향을 미쳤거든요."

레베카는 설명했다. 유럽의 여러 나라가 지구상 많은 국가를 식민지로 삼으면서 라틴아메리카와 아프리카 국가들의 낙태 불법화를 야기했다. 낙태에 대한 죄악시는 성경에도 코란에도 토라에도 없다는 것이다.

"가톨릭의 경우에는 1862년에 교황이 피임에 대해 처음 이야기를 하는데요, 전부 정치적인 맥락에서 하는 얘기예요. 산업화 이후 인구가 더 많이 필요해지면서 이런 수사를 동원한 거죠. 지정학적 맥락을 보지 않고는 이해할 수 없어요. 성경에 써 있지 않아도 정치적으로 활용할 수 있고, 써 있어도 말하지 않기도 하니까요."

교회의 낙태 반대 집회들을 떠올리면 성경에 낙태는 죄악이라고 백 번쯤 써 있을 것 같은 착각이 들지만, 결국 정치적인 문제다. 그러면서 레베카는 자신의 설명이 개인적인 관점일 뿐이라고 강조했다. 임신이 여성의 쾌락에 따른 형벌이라는 관념은 사실 '섹스를 했으면 책임을 져라' 같은 논리로 여전히 통용된다.

"그런데 씨를 뿌린 남자한테는 책임을 지라고 하지 않잖아요?"

레베카는 어깨를 으쓱했다. 낙태를 할 때에는 무대에 여자만이 존재한다. 그 상황을 감당하고 책임져야 하는 것은 여성이다. 그런데 아기가 태어나면 그는 돌연 아빠의 아이가 된다. 어쩌면 이게 여성의 낙태를 그토록 다 함께 손가락질하는 이유인지도 모른다. 아이는 국가와 남성의 재산인데 그것에 대한 선택을 여성이 내릴 수 있다는 것을 용납하지 못하는 것이다.

이곳은 파라다이스가 아니다

우리가 방문을 예정한 국가들 중, 네덜란드는 여성의 재생산권에 있어 가장 많은 것이 이미 '이루어져 있는' 곳이었다. 그렇다면 네덜란드의 활동가인 레베카 자신은 자국의 상황을 어떻게 받아들이고 있을까? 마르틴이 프랑스의 여성 인권은 '한참 멀었다'고 고개를 내젓던 모습을 떠올리며 레베카에게도 물었다.

"사람들은 네덜란드가 진보적이라고 생각하는데, 그렇지 않아요."

레베카의 대답이었고, 우리는 귀를 의심했다.

"뭐라고요?"

"낙태가 허용되는 경우가 있을 뿐이지 낙태는 여전히 형법으로 처벌 대상이에요. 낙태를 하는 여성 말고 의사가 처벌을 받죠."

네덜란드에서는 여성이 5일의 '숙려 기간'을 거쳐 임신 중단을 하겠다는 결정을 내린 뒤, 국내에서 국가의 승인을 받은 12개 진료소에서 낙태를 받는 경우만 합법이다. 예컨대, 의사인 레베카가 지금 이 사무실에서 임신 상태의 여성에게 낙태약 처방전을 써주면 4년 동안 징역을 살 수 있다.

"그래서 지정 진료소가 아닌 곳에서도 일반의가 약을 처방할 수 있도록 싸우고 있어요. 그 싸움이 벌써 10년이나 됐네요."

또다시 귀를 의심했다. 10년이라니. 놀라움을 숨기지 않는 우리를 보며 레베카는 어깨를 으쓱였다. 법적 투쟁도 하고 정당들도 싸우고 있지만 진전을 보지는 못했다. 더구나 낙태 진료소가 없는

지역이 많아서 임신 중단을 결정한 여성들이 장거리를 이동해야
되는 것도 현실적 문제다. 이는 특히 이주 여성이나 재량껏 일정을
조정할 수 없는 일을 하는 여성들에게는 금전적·시간적으로 큰
부담이 된다. 때문에 이들은 현재 간호사, 의사, 산파처럼 훈련받은
사람이라면 누구든 낙태약을 처방할 수 있게 만들기 위해 싸우고
있다.

　그렇다면 네덜란드의 여성들에게는 이 이슈가 아주
중요하겠다고 말하자, 레베카는 잠시 멈췄다가 곧 고개를 내저었다.

　"네덜란드의 가장 큰 이슈는 네덜란드 여성들이 여성 인권에
관심이 없다는 거예요."

　프랑스에서 들었던 이야기와 비슷했다.

　"다들 무슨 상관이냐는 식이에요. 여전히 중요한 문제가
아주 많은데도 다들 초점을 맞추고 있지 않아요. 낙태만 해도 일반
병원에서 구입할 수 있는 의료 서비스가 아니라 반드시 지정된
'낙태병원'에 가야 한다는 것부터 문제인데요. 마치 여성에게 '넌
낙.태.병.원.에 가야해!'라고 말하는 것 같잖아요. 낙태가 아주
특수하게 다루어져야 할 일인 것처럼요."

　거기까지 듣자 우리는 침울해지고 말았다. 한국은 합법화
논의를 활성화하기 위해서 낙태 논의의 기초 구도부터 바로잡아야
하는 상황인데, 낙태 합법화를 거머쥔 지 수십 년이 된 네덜란드의
상황이 이렇다니 말이다. 시종 활기찼던 레베카는 이 이야기를
하면서는 다소 지친 표정을 지었다. 그렇다면 암스테르담에 그

'낙.태.병.원'이 몇 개인지 물었다.

"없어요."

마지막으로 한 번 더 귀를 의심했다.

"네?"

"그게 문제라는 거예요. 한 단체가 낙태 진료소를 운영했는데 파산해서 진료소를 닫았어요. 암스테르담에 없고, 네덜란드 전역에도 부족해서 면담을 잡으려면 3주나 기다려야 해요. 낙태법이 잘못되어서 생긴 결과예요. 법이 이렇게 낙태 진료소를 지정하지 않았으면 이런 일이 안 생겼을 거예요. 지금 네덜란드 전체에 진료소는 12군데예요."

믿을 수가 없었다. 네덜란드에 간다고 하니 "거기가 파라다이스지"라고 하던 마르틴의 표정을 떠올리는 사이 레베카가 단호하게 외쳤다.

"네덜란드를 롤 모델로 삼으면 안 돼요!"

"프랑스에서 여기가 파라다이스라고 했는데요!"

우리는 왜인지 억울해하며 외쳤다. 레베카는 더욱 단호하게 끊어 말했다.

"완.전.한.오.해!(misconception)"

아까부터 낙태죄 폐지를 위해서는 낙태에 대한 잘못된 인식을 해체해야 한다며 자주 언급한 바로 그 단어를 여기서 이렇게 만날 줄이야. 망연한 우리에게 레베카는 조언했다.

"그러니 한국에서도 낙태죄를 폐지하고 관련 법을 제정할 때

이 부분도 고려해야 해요. 모든 의료 절차는 법과 관련이 있어요. 형법에서 죄를 폐지한다고 해도 의료법 차원에서도 또다시 고민해야 해요."

그럼 긍정적으로 참고할 만한 법을 가진 나라가 있느냐고 묻자, 포르투갈을 언급했다. 포르투갈은 어느 병원에서든 임신 중단이 가능하고 외국인 여성에게까지 무료다. 모든 곳의 법이 이렇게 되어야만 한다고 레베카는 말했다. 네덜란드는 병원이 지정되어 있을 뿐 아니라 외국인에게는 무료가 아니다. 이것은 사회 정의 면에서 공정하지 않다.

여름에 다시 만나요

우리는 이 여행기를 출판해 또래 여성들에게 낙태 문제를 여성의 기본권 측면에서 생각해볼 수 있는 다양한 관점을 소개하고 싶다는 계획을 이야기했다. 레베카는 크게 끄덕이며, 꼭 필요한 일이라고 말했다. 낙태를 죄악시하는 사회 분위기가 강력하며 현재 낙태권을 위한 중요한 싸움이 한창인 아일랜드에서도, 이 문제에 관해 여성들이 서로 어떤 믿음을 가지고 있는지 이야기하는 자리가 있었다고 한다. 이런 자리를 통해 여성들은 사회에 의해 각인된 신념을 해체하고 각자의 자리에서 이 문제를 다시 생각하는 과정을 거쳤다고 레베카는 말했다.

"이렇게 계속 이야기하다 보면 사람들은 결국 자신이 낙태한

여성을 감옥에 보내야 한다는 데 동의하는 것이 아니었음을 깨닫게
돼요."

기존의 믿음을 하나씩 타격해 부수어나가는 것이 중요하다.

레베카를 만나기 전 그의 인터뷰나 활동 내역을 찾아볼수록
놀라웠던 점은 그가 계속해서 기발한 시도들을 하고 있다는
점이었다. 그는 처음에는 배를 탔고, 해외 토크쇼에 출연해
낙태약과 여성의 낙태권을 이야기하기도 했고, 게릴라 홍보를 통해
핫라인을 만들었으며, 그다음에는 웹사이트를 만들어 전 세계에
낙태약을 전해주는 시스템을 구축했다. 그리고 이어서 드론을
이용해 국경을 넘어 낙태약을 전달하는 퍼포먼스를 했다. 독일
국경에서 낙태약을 실은 드론을 조종해 폴란드 영토로 보내면,
폴란드 땅에서 기다리고 있던 활동가들이 낙태약을 먹는다.
경찰들이 약을 받은 활동가들을 제지했지만 이미 약을 입에
넣은 뒤였다. 약을 먹는 퍼포먼스를 하는 활동가들과 환호하는
여성들은 이 장면을 유쾌한 분위기로 만들었다.

"경찰들이 '이 중에 누가 진짜 낙태를 하는 거냐'고 물었어요.
우리는 '안 알려줄 거다, 메롱!' 하면서 약을 먹었죠. 여기서 누가
실제로 임신을 했고 낙태를 했는지, 즉 여성의 몸에서 일어난 일을
사실상 아무도 알 수 없다는 점이 퍼포먼스의 핵심이에요."

레베카는 한국에서 예정하고 있는 프로젝트에 대해서도
귀띔해주었다. 아직은 비밀이지만, 낙태약과 로봇을 가지고 한국에
갈 예정이라고 그는 말했다.

"신기술에 관심이 많은가 봐요?"

"각기 다른 장소에 적용되는 법의 차이가 만들어내는 틈을 비집고 들어가는 데 관심이 있어요. 나는 네덜란드 의사니까 낙태약을 소지할 수 있고, 로봇에 약을 붙인 뒤 조종을 다른 사람이 하는 거죠. 그 약을 한국의 여성에게 전해주고 나와 상담을 해 복용하면 법적으로 문제가 없어요."

그가 한국에 올 거라는 이야기에 환호하며 우리 책도 그쯤 출간될 거라고 하자, 함께 홍보 이벤트를 열자는 얘기가 나왔다. 그럼 여름에 한국에서 다시 만나자, 그렇게 들뜬 채로 인터뷰를 마무리했다.

자리를 정리하는 동안 레베카가 남은 일정을 물었다. 네덜란드에서는 이 인터뷰뿐이라고 하자, 레베카는 저녁식사에 초대하고 싶다고 했다. 바로 이 순간을 기대하며 아무 일정도 만들지 않았다는 것은 비밀로 한 채, 흥분을 적절히 감추고 기쁘게 초대에 응했다. 집 주소를 적어주면서 레베카는 자신은 요리를 하지 않으니 수리남 음식을 주문해두겠다고 쾌활하게 말했다. 그리고는 저녁까지 남은 업무를 해치우겠다며 우리가 그 동안 시간을 보낼 만한 박물관까지 알려주었다.

알려준 곳에서 사진전을 본 뒤 우리는 작은 입구 안쪽으로 굴처럼 길게 난 공간에 천장 끝까지 와인이 진열된 가게에 홀린 듯 들어섰다. 점원으로부터 의욕적인 추천을 받아 선물로 가져갈 와인 두 병을 골랐다. 어느새 거리는 깜깜해졌고 슬슬 약속 시간이다.

운하 주변에 휘몰아치는 칼바람을 뚫고 레베카의 집으로 향했다.
낮에 사무실에서 만났던 위민 온 웨이브 활동가들이 이미 자리해
있었다. 각각 뉴욕, 브라질, 스페인에서 온 이 세 활동가는 법
관련 스페셜리스트로, 로스쿨에 다니거나 이미 변호사로 일하던
사람들이었다. 그리고 레베카의 두 아이도 함께였다. 딸은 레베카의
동료들과 친한 듯 편안히 이야기를 나누고 있었고 아들은 "이
중에 나만 남자잖아!"라고 불평하며 레베카의 곁에서 떨어질 줄을
몰랐다.

　　이날의 저녁 식탁을 채운 수리남 음식의 포장을 뜯어 차례로
각자의 접시에 덜었다. 수리남은 레베카가 유년기를 보낸 나라로
대체로 낙태를 불법이라 규정하는 남아메리카 대륙에 위치해

있다. 수리남 음식은 처음인데, 쌀과 면의 사용이나 땅콩 소스, 숙주 같은 재료가 베트남 음식을 연상시키는 맛이었다. 레베카를 권리의 전 지구적 불평등에 문제의식을 느끼는 활동가로 자라게 한 수리남이란 어떤 나라일까, 잠시 궁금해졌다.

맥주와 와인을 곁들이며 천천히 식사를 했다. 낮의 인터뷰에서도 느꼈지만 레베카는 정말로 한국 상황에 대해 자세히 알고 있었다. 지금 정부의 성격이나 한국 사람들의 인식에 대한 지식을 바탕으로 그가 갖고 있던 구체적인 궁금증들을 우리에게 물었는데, "한국 사람들은 실제로 대부분 네이버를 쓰는 거냐" 같은 것이었다. 레베카는 물론이고 동석한 위민 온 웨이브 동료들의 이야기도 들었다. 그밖에 기억에 남는 내용은 세 활동가 모두가 절감하고 있는 '네덜란드어의 어려움'이었다. 이곳에 와 일한 지 사오 년이나 되었지만 다들 아직 네덜란드 말을 모르겠다고 한다.

"난 여기서 2년 사귀었던 남자친구 성을 왜 그렇게 발음하는지 아직도 몰라요."

"난 내 집 있는 거리 이름도 아직 모르는데."

겨루듯 그렇게 말하는 것에 다들 와르르 웃었다. 우리 역시 인터뷰 전에 적어도 네댓 마디 정도는 네덜란드어 표현을 익혀가려고 했는데 결국 암기와 사용에 성공한 것은 '안녕' 한마디뿐이었다. 버스 하차역 이름도 도대체 발음을 짐작할 수조차 없어서 애를 먹었다. 다만, 네덜란드는 제1언어가 영어가 아닌 나라 가운데 세계에서 국민 영어 능통률이 1위인 국가답게 어딜 가든 영어만으로 불편이 없다. 세 활동가가 네덜란드어를 배우지 못한 데는 그 이유가 더 크겠지, 하며 다시 웃었다. 그런 이야기를 하던 중 돌발행동을 일삼던 레베카의 아들이 한마디도 알아들을 수 없는 네덜란드어 문장 한가운데에서 갑자기 "오.빠.강남 스타일!"을 부르며 춤 동작을 했다. 와, 이게 얼마만의 강남 스타일? 몇 년이 지나도 여전히 한국은 강남 스타일의 나라인가 보다.

차를 마시며 자리는 좀 더 길어졌고, 레베카가 쓴 소설책을 선물받고 책에 실린 프로필 사진에 얽힌 비화 같은 이야기를 들으며 웃고 떠들었다.

"이제 다음엔 어디로 가요?"

"아일랜드요."

"오, 그렇다면 로자를 만나보세요!"

말하자마자 레베카는 재빨리 노트북을 가져와 그 자리에서 로자라는 단체의 지인에게 메일을 보내주었다. 그다음엔 루마니아와 폴란드에 간다고 하자, 두 나라에도 친구가 있다며 소개 메일을 써주었다. 재미있는 한국의 페미니스트들이 왔으니 만나보라며, 흔쾌히 노트북 자판 위에서 빠르게 손을 움직이던 레베카의 모습은 잊기 어려울 것이다.

"오늘 고마웠어요, 레베카. 우리는 당신을 만나려고 이 여행을 시작했거든요."

진심 어린 감사의 말을 전하며, 레베카와 작별했다.

하민 온 웨이브 활동가들과 레베카의 집에서 저녁식사

3장
아일랜드
Ireland

수정헌법 8조 폐지!

수도	더블린(Dublin)
낙태 허용	임신 지속이 모체의 생명을 위협할 경우를 제외하고 금지
낙태 처벌	낙태한 여성과 의사 모두 최대 징역 14년형
합법화 시기	현재 진행중
주 낙태 방법	영국에서 수술 또는 약물
특이사항	2018년 5월 국민투표를 통해 66.4퍼센트 찬성으로 낙태를 금지하는 수정헌법 8조 폐지가 결정됨

BISTRO

대륙에서 섬으로

네덜란드에서 레베카 곰퍼츠를 만난 뒤 벨기에로 간 것은 첫째,
아일랜드에서 예정된 인터뷰까지 시간이 며칠 있었기 때문이고
둘째, 네덜란드의 숙소가 비쌌기 때문이다. 그리고 셋째는 벨기에의
와플, 감자, 맥주였다. 암스테르담에서 기차를 타고 단숨에
도착한 벨기에 브뤼셀의 저렴한 숙소에서 우리는 사흘간 중간
휴가를 즐겼다. 벨기에 숙소에 짐을 풀자마자 세 군데의 와플집을
순례하고 마트에 가서 맥주를 샀다. 처음 마트에 도착해 맥주
코너가 없는 것을 보고 당황했는데 곧 맥주만 따로 2층 한 층을
차지하고 있다는 것을 알게 되었다. 벨기에에서 지내는 2박 동안

여태 살면서 먹은 걸 합친 만큼 많은 종류의 맥주를 맛본 것 같다.
대낮부터 안주 삼아 감자튀김을 테이크아웃해 소중히 안고 가는
우리를 보고 불어로 '맛있게 먹으라'며 웃던 신사가 기억이 난다.
갓 튀긴 감자튀김 봉투를 안은 우리의 표정이 어지간히 흐뭇해
보였던 모양이다. 온통 오톨도톨한 돌바닥으로 된 브뤼셀의
거리가 캐리어를 끌기에 괴로웠다는 점을 빼면 예정에 없이 들른
벨기에에서의 3일은 최고였다. 짧고 기름진 휴가 후 짐을 싸서
브뤼셀 공항으로 향했다. 이제 잠시 대륙을 떠나, 아일랜드로 간다.
    파리에서의 일정을 시작하기 전까지 아일랜드에서 짧은
어학연수를 했던 혜윤은 우리에게 맛없는 음식과 안 좋은 날씨에
대해 누누이 경고했다. 하지만 공항에 도착하니 의외로 날씨가
쾌청했다. 공항에서 시내까지, 도로 옆의 쭉 뻗은 가로수와 맑은
하늘이 색을 달리하는 것을 구경하며 들뜬 마음을 키웠다. 택시를
타고 숙소에 도착했는데, 건물 위치나 분위기가 사진에서 본 것과
영 달랐다. 물어보니 오늘 예약이 없다고 했다. 당황해서 다시
찾아보니 똑같은 이름의 다른 숙소가 있었다. 다시 어렵사리 택시를
잡아타고 이번에는 제대로 도착해 마침내 짐을 풀었다. 네 명의 한
달 치 짐을 담은 무시 못 할 무게의 캐리어 때문에 엘리베이터가
있는 숙소를 찾으려고 무진 애썼으나 아일랜드 건물에
엘리베이터는 결코 필수가 아닌 모양이다. 결국 찾지 못해 1층 방을
구했는데, 걱정보다는 나쁘지 않았다. 여전히 유심 없이 여행 중인
우리에게 가장 중요한 것은 와이파이. 잠시 누워서 인터넷의 축복을

퀴어프렌들리한 더블린의 레즈비언 바

수정헌법 8조 폐지!

현고장에서 맛보는 기네스 맥주

느끼다 주린 배를 채우러 나섰다. 호스트가 보내준 15페이지에
달하는 숙소 이용 안내서 맨 뒤쪽에 적힌 주변 맛집 중 가장 가까운
펍을 찾아갔다.

　　더블린의 중심부 오코넬 스트리트의 위쪽에 위치한 머리스
펍(Murray's pub)은 건물 전체에 밝은 조명을 둘러 크리스마스
분위기를 냈다. 오래되었지만 깨끗하고 분위기 있는 펍 아래층에선
라이브 음악이 연주되고 있었다. 안내받은 테이블에 앉아 메뉴를
봤는데 여느 펍과 마찬가지로 음식이든 술이든 아일랜드의
물가는 싸지 않다. 하지만 우리는 먹어야 했다. 양고기 요리와
매시드포테이토, 피시앤칩스, 기네스와 라거를 시켰다. 음식은
우려와 달리 먹을 만했다. 본토에서 마시는 기네스 드래프트는 더

부드럽고 달다. 배를 채운 뒤 추천받은 레즈비언 바로 향했으나,
남자가 대부분인 분위기에 녹아들지 못하고 자리를 옮겼다. 드물게
날씨가 좋은 금요일 밤이었기 때문인지 모든 펍에 사람이 꽉꽉
들어차 있었고 자리는커녕 서 있을 공간조차 없는 술집들에는
거의 찜질방 같은 습기와 냄새가 가득했다. "아일랜드 사람들은
한국인만큼 술을 많이 먹는다"고 어디서 들었는데 과연, 술집
안팎으로 목소리 큰 취객이 가득한 풍경이 조국을 떠올리게 했다.
더블린 한가운데를 지나는 리피 강에는 크고 작은 다리가 여러 개
놓여 있다. 우리는 1816년에 만들어진 하페니 다리를 건너 다시
오코넬 스트리트를 지나 숙소에 돌아가 일찍 잠에 들었다.

아일랜드는 어떤 나라인가

서유럽의 국가라고 하면 여성 인권의 측면에서만큼은 아시아,
그중에서도 한국보다는 진보적일 거라는 편견이 있다. 그 편견에
정확한 반증이 바로 유럽 최서단의 아일랜드다. 아일랜드는
수정헌법 제8조에서 태아에게 여성과 동등한 생명권을 부여해
낙태를 금하고 있으며 이를 어긴다면 최고 14년의 징역을 살 수
있다. 아일랜드에서 임신 중절 수술이 합법이었던 적은 없으나
가톨릭의 힘이 약해지는 것을 두려워한 보수 가톨릭 세력이 주도해
1983년에 국민투표를 통해 낙태 금지를 헌법에 포함시켰다.
　아일랜드는 켈트계 종족이 세운 부족국가에서 유래했고

5세기에 가톨릭이 전파되었다. 12세기 후반부터 아일랜드는 영국에
예속되어갔다. 청교도혁명 이후 올리버 크롬웰이 아일랜드인의
토지를 몰수해 영국인에게 분배하면서 영국인 지주와 아일랜드
소작농이라는 구도가 만들어졌다. 아일랜드 민족은 저항했고
19세기 영국에서 아일랜드 분쟁은 중요한 문제로 대두되었다.
1914년에 영국 의회에서 아일랜드 자치법안이 통과되었으나 영국계
신교도가 많은 얼스터 지역(아일랜드 북부)은 자치에 반대했다.
제1차 세계대전 이후 얼스터 지역의 6개 주를 제외하고 아일랜드
자유국이 성립되었으며 제2차 세계대전 이후인 1949년에 국명을
아일랜드 공화국으로 바꾸며 완전히 독립했다. 감자 기근 사건으로
알려진 빈곤국으로 기억되기도 하지만 현재 아일랜드는 자본주의가
가장 발달한 나라 중 하나로, 2017년 4월 IMF가 발표한 1인당
명목GDP 순위에서 6만2562달러로 세계 5위를 차지했다.
    아일랜드 전체 인구는 500만 명가량으로 남한 인구의 10분의
1 정도다. 수도인 더블린 역시 서울과 비교하면 아주 작게 느껴졌다.
한가운데 흐르는 리피 강을 중심으로 남쪽에는 트리니티대학교가
있고, 오래되고 아름다운 건물과 상권이 밀집되어 있다. 한국과
유사하게 단일 종족의 수가 우세한 것도 특징인데, 아일랜드인이
87.4퍼센트, 기타 백인이 7.5퍼센트로 백인이 인구 구성의
대부분을 차지하고 있다. 종교 면에서는 로마가톨릭 신자 비율이
87.4퍼센트로 절대다수다. 아일랜드는 버나드 쇼, 예이츠, 패트릭
피어스, 제임스 조이스, 새뮤얼 베케트, 시무스 히니, 서머스 딘 등의

유명 문학가들을 배출한 나라이기도 하다. 제임스 조이스 소설을 감명 깊게 읽은 사람은 더블린이라는 이름을 들으면 그의 소설에 나오는 어두컴컴한 펍을 연상할 것이다. 실제로 더블린에는 발에 채일 만큼 많은 펍이 있다. 대체로 밝은 분위기에 팝이나 아이리쉬 전통 음악을 라이브로 연주한다. 대개 사람들은 선 채로 술을 마시는데, 혼자 서 있으면 술을 사주기도 잘 사준다. 술을 많이 마시는 문화도 유명한데, 연간 1인당 알코올 소비량 순위에서 늘 상위권에 랭크된다. 또 아일랜드는 2015년 세계 최초로 국민투표를 통해 동성결혼을 합법화시킨 나라이기도 하다. 더블린은 성소수자 도시(Queer city)라 불릴 만큼 성소수자 친화적이라는 자부심이 있으며 게이 바도 유명하다. 그러나 성소수자 인권만큼 여성의 재생산 권리에서도 진보가 있지는 않았다. 아일랜드는 유럽에서 가장 가혹한 낙태법을 가진 나라이며, 이것이 우리가 아일랜드에 온 이유다.

아일랜드의 강남역 사건, 사비타 할라파나바르의 죽음

2016년의 강남역 여성 살해 사건은 한국에서 안전이 얼마나 정치적인 개념인지 일깨워주었다. 치안 1위라는 자부심을 갖고 있는 대한민국의 수도 서울 도심 한복판에서 '안전'은 여성에게는 해당되지 않는 얘기였음이 드러났다. 상업 시설과 고층 빌딩이 밀집되어 있어 24시간 불이 꺼지지 않는 강남역 일대에서 한 여성이 살해당했다. 여성이 싫어서 여성을 죽이고자 했다는 살인범의 말에도 불구하고 경찰 당국은 "이건 여성혐오 범죄가 아니라 묻지마 살인"이라고 발표했다. 이에 많은 여성이 분노하는 동시에 아연했다. 당시 23세였던 한 여성의 이 죽음에 많은 여성이 즉시 함께 고통을 느꼈고, 강남역에 찾아와 추모의 포스트잇을 남겼다. 가장 많이 쓰였던 "나는 당신입니다"라는 문구는 이 여성들이 사건 당사자가 '그저 여성이라서' 살해당했다는 것, '죽은 게 나였을 수 있다'는 것을 분명히 자각하게 되었음을 보여준다. 수많은 여성이 살해당한 여성과 자신을 동일시했고 때문에 이 사건은 그저 모르는 한 사람이 살해된 여느 사건과 달리 거대한 여파를 낳았다. 여기서부터 폭발적으로 가속화된 페미니즘 흐름은 #○○계_내_성폭력 해시태그 운동, 임신 중절 합법화를 위한 검은 시위, 2018년의 미투 운동까지 한국사회·문화 내 모든 영역에서의 문제 제기와 정치적 개입으로 계속해서 이어지고 있다.

　　한국의 강남역 사건처럼, 아일랜드 여성들에게 안전의 정치성을 일깨우고 많은 여성이 페미니스트로서 자각하도록 만든 사건이 있었다. 2012년 10월 28일에 일어난 사비타 할라파나바르의 죽음이다. 사비타는 27살 때 남편과 함께 인도에서 아일랜드 중서부의 골웨이로 이주해 치과의 훈련을 받았다. 사비타는 치과의사가 되었고 남편은 엔지니어로 일했다. 사비타는 아이들을 좋아하고 춤추는 것을 좋아해, 인도 아이들과 아일랜드 아이들을 초대해 인도 춤을 가르치기도 했다. 아이들이 사비타의 앞에 있는

다이아를 보고 그건 어디서 얻었냐고 질문하면 사비타는 인도에 가라고 농담하곤 했다.

그는 31살 때 임신을 했다. 임신 사실을 알고 나서 사비타는 일을 그만두고 인도에 있는 그의 양친을 초대했다. 그러나 임신 17주째인 10월 21일, 심각한 등 통증을 호소하며 골웨이 대학병원을 찾았고 의사로부터 태아가 생존 가능성이 없으며 이미 유산이 진행 중이라는 진단을 받았다. 사비타는 병원에 임신 중절 수술을 거듭 요청했으나 태아의 심장이 아직 뛰고 있어 불법이라는 이유로 거절당했다. "이곳은 가톨릭 국가입니다"라는 말과 함께. 10월 24일, 태아의 심장박동이 완전히 멈추고 나서야 사비타의 몸에서 죽은 태아를 제거하는 수술이 이루어졌으나, 그는 패혈증에 걸렸다. 유산 중에는 자궁 경부가 열려 여성은 감염에 보다 쉽게 노출되고 유산 기간이 길어질수록 감염 확률은 높아진다. 사비타의 남편에게 의사들은 부인이 젊으니 곧 회복될 것이라고 말했지만 그는 28일 사망했다. 사비타를 살릴 시간이 충분히 있었지만 의사들은 아무것도 하지 않았다. 사비타가 인도나 영국에 있었다면 상황은 달랐을 것이다. 이 사건으로 아일랜드 여성들은 국가가 여성을 어떻게 다루는지를 똑똑히 확인했고, 분노했다. 여성들은 거리로 나와 사비타의 죽음을 추모했고 추모 물결은 정치적 흐름이 되었다. 사비타 사망 사건을 계기로, 우리가 만난 ARC와 로자를 포함해 아일랜드 여성의 재생산권 운동을 하는 페미니즘 단체가 다수 생겨났다.

로자와의 만남

아일랜드에 도착한 이튿날 우리가 만나게 된 로자(ROSA, For Reproductive rights, against Oppression, Sexism & Austerity, 재생산 권리를 위해 억압, 성차별주의, 금욕주의에 대항하는 모임) 역시 사비타의 죽음을 계기로 출범한 재생산권 단체로, 사회주의 정당 소속의 여성들이 만들었다. 인터뷰를 위해 아침 일찍 일어났다. 근처 편의점에서 커피를 사와, 큰방에 꾸역꾸역 끼어 앉아 인터뷰 준비를 했다. 로자의 활동가인 리타는 고맙게도 예정된 낙태권 관련 세미나에 우리를 초청해준 데다 숙소까지 차로 데리러 와준다고 말했다. 그리고 차를 타서야 알았지만 세미나 장소는 공항 근처의 호텔로, 우리가 직접 갈 수 있을 만한 위치가 아니었다. 혜윤이 어학연수 기간에 혼자 참석했던 ARC(Abortion Rights Campaign, 낙태권 캠페인) 모임 장소도 호텔이었는데, 원래 호텔에서 이런 행사를 하느냐고 묻자 리타는 "그것부터 문제다"라며 쓰게 웃었다. 금전적 여유가 되어서가 아니라 공공기관이나 지역 센터는 모두 가톨릭교회의 영향력 때문에 낙태권 관련 행사에 공간을 대여해주지 않는다. 그래서 모일 만한 장소가 호텔밖에 없다는 것이었다.

호텔 로비를 지나, 벽에 현수막을 걸고 자료집, 페미니스트 굿즈 등을 배치한 세미나실로 들어섰다. 넓은 창으로 햇빛이 내리쬐는 모퉁이 룸에 사람들이 모여들고, 그날의 행사가 시작되었다. 로자 활동가들이 아일랜드의 현 재생산권 상황을

공유한 뒤 낙태 사안에 관해 대중이 궁금해할 만한 주요 질문과
답을 정리해 발표했다. 참석자들은 이 이슈에 관심이 있는 일반
사람들 또는 다른 곳의 활동가들로, 그들은 자신의 낙태 경험이나
운동에 대한 의견 등을 나누고 아일랜드 사회의 편견들에 대한
분노를 공유하기도 했다.

　앞서도 설명했듯 아일랜드는 유럽에서 가장 강력한 낙태
규제법을 가진 나라다. 나라의 근본법인 헌법에서 태아의 권리를
보장한다는 것은 낙태 금지를 나라의 근간을 이루는 정체성으로서
고수하겠다는 의지를 보여준다. 우리가 방문한 겨울은 이 수정헌법

8조를 폐지하기 위한 국민총투표가 오는 5월에 예정되어 있어
재생산권 관련 단체들이 총력을 기울여 캠페인을 하는 시기였다.
로자와의 예정된 인터뷰에 앞서 참석한 이 세미나도 그를 위한
교육의 일환으로 열린 것이었다.

　　호텔에서의 세미나가 끝나고 로비 옆의 바에서 참가자들끼리
맥주를 한잔 했다. 이후에 예정되었던 인터뷰 시간이 부족할까 봐
다소 걱정하고 있었는데, 다들 맥주를 엄청나게 빠르게 마셔버렸다.
앉은 지 10분 만에 우리는 다시 리타의 차를 타고 로자의 사무실로
출발했다. "배고프지 않냐"고 조심스레 묻자 리타는 "죽을 것
같다!"며 가는 길에 운전을 하면서 피자 주문까지 마쳤다.

낙태청정국 아일랜드

금세 도착한 로자의 사무실은 온 벽과 문이 다양한 사회주의,
페미니즘 프로파간다 포스터로 뒤덮여 있었다. 차곡차곡 쌓인
책과 자료집, 문서철과 배지 프레스 기계 등에서 활발히 활동 중인
단체의 분위기가 물씬 느껴졌다. 벽 한가운데에는 6색 무지개
깃발과 트로츠키 모자이크 일러스트 액자가 장식되어 있었다.
우유를 넣은 홍차와 커피를 한잔씩 받은 뒤 피자가 오기 전에 바로
인터뷰를 시작했다.

　　리타는 좌파 부모님 밑에서 자라 자연스럽게 사회운동에
동참하게 된 케이스로, 현재는 로자에서 반상근 활동가로 일하며

시간제로 베이비시터 일을 동시에 하고 있다. 아일랜드에서 낙태를
여성의 권리로서 말하기 위해서 반드시 넘어야 할 제1의 산인
수정헌법 제8조 폐지를 위한 국민총투표를 세 달여 앞둔 지금,
아일랜드 여성들 그리고 사회 전반의 인식이 어떤지 궁금했다.
기본적으로 아일랜드 사람들은 낙태에 대해 잘 알지 못한다.
'가끔은 어쩔 수 없이 해야만 하는 경우가 있다'고 생각하는
정도다. 리타가 5년 전에 캠페인을 할 때만 해도 "강간당한 여성을
위해 낙태가 필요하다"고 말하곤 했다. 아일랜드에서 낙태는
가까운 가족이나 친구에게도 절대 말할 수 없는 비밀이었다.

"그런데 6년 전 몇몇 여성이 신문을 통해 자신들이 영국에서 낙태를 하고 왔다고 밝혔죠. 이후 낙태 경험 말하기 캠페인이 이루어지면서 사람들이 낙태가 정말 어디서든 일어나는 흔한 일이라는 걸 알게 됐어요."

그리고 낙태권운동의 시작에 결정적인 역할을 한 건 안티초이스 진영의 낙태 반대 광고였다.

"안티초이스 쪽에서 9개월 된 태아를 찢는 이미지의 광고를 걸었고 그걸 내리라고 항의하는 사람들이 국회 앞에 모여들었어요. 그런 상황에서 얼마 뒤 사비타의 죽음이 알려지면서 일거에 불이 붙은 거죠."

그렇다면 애초에 아일랜드는 어째서 여성의 재생산권에 대해 이토록 보수적인 현재를 살고 있을까? "역시 가톨릭 때문이냐"고 묻자 리타는 끄덕였다.

"여성에 대한 정치적 통제, 재생산의 통제, 가족에 대한 통제이며 종교적 문제라고 생각해요."

젊은 층에서는 점점 실제로 교회에 가거나 맹목적으로 종교를 믿는 비율이 줄어들고 있지만 그럼에도 불구하고 아일랜드 정치를 움직이는 힘으로서 가톨릭은 여전히 영향을 미치고 있다. 즉 강력한 국가 종교인 가톨릭이 정치와 사회 전반에 영향력을 행사하는데 그들이 결코 양보하지 않는 의제 중 하나가 재생산권이다. 아일랜드에서 가톨릭교회는 공공기관 및 학교와 연결되어 있다. 개인의 종교에 상관없이 아이들은 절대 다수인 가톨릭 학교에 갈 수밖에 없고, 피임과 낙태에 대해 제대로 된 교육을 받지 못한다. 프랑스에서 플로랑스에게 들었던 '임신은 선한 형벌'이라는 개념을 여기서 다시 만나게 되었다. 다른 점은, 플로랑스가 이 개념을 낙태에 관한 뿌리 깊은 고정관념들의 근원 및 유래로서 언급했다면 아일랜드에서 이 논리는 지금도 행해지는 가톨릭 교육의 일부라는 점이다.

　섹스를 해서 즐거움을 누렸다면 아이를 임신해서 그 쾌락에 대한 죄를 치러야 한다는 이 가톨릭 관념에서 탄생한 끔찍한 실례가 바로 '막달레나 세탁소(The Magdalene Laundries)'다. 막달레나 수용소라고도 불리는 이 시설은 "몸을 버린 여자들"에게 지낼 곳을 제공한다는 명목으로 세워진 가톨릭 시설로, 18세기(1765년)부터 20세기(1996년)까지 존속했다. 이 시기 아일랜드에서 여성들은 섹스를 했거나, 강간당했거나, 아기를 낳았거나, 아니면 그냥 너무 예쁘다거나 하는 이유로 이곳에 수용된다. 그리고 이곳에서 고된 노동을 하면서 더럽혀진 몸과 죄를 씻는다. 섹스를 하지 않았다 해도 "예쁜 사람은 필연적으로 오만해질 것이므로" 막달레나 세탁소에 끌려간다. 거짓말 같은 얘기지만 이 세탁소를 거쳐 간 여성의 수는 약 3만 명으로 추산된다. 1993년 이 시설 중 한 곳에서 시신 155구가 암매장된 묘지가 발견된 것을 계기로 막달레나 세탁소의 폐쇄성과 각종 문제에 대한 고발이 이어졌고 2013년에 국가 차원에서 사과문을 발표했다. 막달레나 세탁소를 운영해온 것은 가톨릭 세력이었지만 은밀히 국가의 지원을 받아왔기

때문이다. 고된 노동뿐만 아니라 정신적 학대를 받았던 생존자들을
위한 기금도 마련되었다.

다시 '선한 형벌' 개념으로 돌아오면, 사실 이 논리대로라면
적어도 강간 피해자의 낙태는 허용되어야 한다고 리타는
말했다. 쾌락에 대한 징벌(임신)을 이미 받은 셈이기 때문이다.
실제로 한국이나 폴란드처럼 낙태가 기본적으로 불법인
나라에서도 강간으로 인한 임신일 경우 낙태가 합법이다. 그러나
아일랜드에서는 그렇지 않다.

리타는 아일랜드에 있었던 'X사건'(The X Case: 법무장관
대 X의 사례. 소녀의 신원 보호를 위해 법원과 미디어에 X라고만
공개되었다) 이야기를 해주었다. 1992년 이웃의 강간으로 임신한
14세 소녀 X는 부모에게 원치 않는 임신 때문에 자살하고 싶다고
말했다. 부모는 낙태 수술을 위해 영국으로 가기 전, 아일랜드
경찰에게 낙태한 태아의 유전자 증거가 강간 증거로 쓰일 수 있는지
물어보았다. 그 이웃이 강간 사실을 부정하고 있었기 때문이다.
그런데 황당하게도 당시 법무장관이었던 해리 웰러핸은 이 소식을
듣고 낙태를 막기 위해, 낙태를 금지하는 헌법에 의거해 X에게
출국 금지 명령을 내렸고 이것이 고등법원에서 통과됐다. 그러자
아일랜드, 영국, 미국에서 "그를 보내주라(Let her go)"는 시위가
대규모로 열렸다. 이에 대법원 항소에서 다수의 의견(4:1)에 따라
자살 충동을 포함해 X에게 "진짜로 실질적인 위험"이 있다면
낙태할 권리가 있다는 예외적 판결이 나왔다.

불법이라 해도 국내 병원에서 낙태 수술을 받기가 어렵지
않은 한국과 달리 아일랜드에서는 수술을 받을 병원을 찾기가
어렵다. 강간으로 인해 임신했거나 태아가 자궁 밖에서 생존하는
것이 명백히 불가능한 경우도 마찬가지다. 그러나 2012년 사비타의
죽음의 영향으로 2013년에 '임신 중 생명보호법'이 통과됨에 따라
단 한 가지 경우에 아일랜드 땅에서 인공 임신 중절 수술을 받을
수 있게 되었는데, 임신을 당장 중단하지 않을 경우에 여성의
목숨이 심각하게 위협받는 경우다. 이 위협에는 자살도 포함된다.
다만 자살 욕구 때문에 임신을 중단하기를 원할 경우 여성은
3명의 의사에게 "이 사람은 정말로 죽고 싶어한다"는 '인정'을
받아야한다. 세 의사의 동의가 없이는 낙태가 허용되지 않는데,
낙태에 대한 사회적 인식이 이러한 나라에서 임신부에게 가혹하지
않은 절차를 통해 이런 평가를 내려줄 세 명의 의사를 찾기가 쉬울
리 없다.

　"그래서 적법한 절차를 거쳐 국가에서 지원하는 무료 임신
중절 수술을 받은 여성은 거의 없어요."

　리타가 말했다. 이는 절차상 성공하기 어렵기도 하고 흔히
수모가 예상되기에 임신 중단을 결정한 여성들은 보통 다른 방법을
찾는다.

　다행이라 해도 좋을지는 모르겠지만, 아일랜드는 한국과
달리 속지주의를 택하고 있어 아일랜드 여성이 낙태가 합법인
다른 나라에서 낙태하는 것은 합법이다. 안티초이스 진영의 대표

슬로건이 "아일랜드를 낙태청정국으로(Keep Ireland Abortion Free)"인 것은 상징적이다. 즉, 어쨌든 이 나라에서는 안 된다는 것이다. 그래서 낙태를 희망하는 아일랜드 여성들은 몰래 약을 구하거나 가까운 영국으로 건너가 수술을 받는다. 2014년 통계에 따르면 매일 10명의 여성이 낙태 수술을 받기 위해 영국으로 여행했고 1017개의 낙태약이 세관에서 걸렸다. 이 경우 당장 영국에 가서 수술을 받고 돌아올 여비 혹은 비싼 불법 낙태약을 구입할 돈이 수중에 있는지에 따라 임신 중단 선택 가능 여부가 결정된다. 이는 계급의 문제, 혹은 출입국이 자유롭지 못해 '영국 가서 하면 되지'라는 말이 해당될 수 없는 이주민과 난민의 권리 문제이기도 하다.

더구나 아일랜드에서 낙태는 '여성의 죄'다. 이런 인식은 임신 중절 수술을 받고자 희망하는 여성이 그 정서적·경제적 책임을 혼자서 감당하도록 만든다. 영국으로의 '낙태 여행'을 결정한 여성은 파트너나 가족으로부터 심리적·금전적으로 지원을 받지 못하기도 한다. 오히려 낙태를 하려 한다고 손가락질당하기를 두려워한 여성이 가족에게 들키지 않기 위해 무리하게 당일치기로 영국에 다녀오느라 돌아오는 비행기에서 끔찍한 하혈을 겪고 위험에 처하기도 했다. 주변에 낙태 사실이 알려지는 것을 두려워하는 건 물론 아일랜드만의 문제는 아니다. 심지어 우리는 낙태가 합법인 네덜란드와 프랑스에도 금기시의 분위기가 남아 있다고 들은 뒤였다. 하지만 그렇다고 해서 '낙태를 죄악시하여

여성 혼자 끌어안게 만드는 사회 분위기는 어디나 똑같다'고
말하기에는, 아일랜드에서 임신한 여성을 다루는 방식에는 특히
지독한 면이 있었다. 태아의 생명권을 헌법으로 보장하지만 다른
나라에서는 낙태를 해도 좋다고 말하는 이 나라에서 여성들이
경험하고 있는 현실이 어떤 층위까지 폭력적일 수 있는지를, 이후
다른 활동가들를 만나며 우리는 좀더 생생히 깨닫게 된다.

올해 아일랜드는 승리할 것입니다

리타와 한창 대화를 나누던 중 피자가 도착했다. 야채피자,
치즈피자, 햄피자 세 판에 갈릭브레드와 치킨 윙을 배부르게 먹었다.
먹으면서 어제부터 궁금했던 것을 물었다.

"아일랜드 술집은 저녁 시간 이후로는 아예 음식을 안 팔던데
여기 사람들은 원래 안주를 안 먹는 거예요?"

"아니. 그거 정말 짜증 나죠."

리타의 진심 어린 짜증에, 안주를 찾다 결국 술도 별로 마시지
못하고 숙소로 돌아갔던 우리의 어젯밤이 생각나 웃었다.

리타의 개인적인 이야기들도 조금 들었다.

"대학생 때 그냥 사회주의 정당에 가입했어요. 그게 한 10년
전인가. 그 뒤로 쭉 와서, 여기서 로자를 만들었죠."

진보정당 당원으로서의 활동과 페미니즘 운동을 자연스럽게
연결하는 것이 인상적이었다. 정당 내에서 페미니즘 이슈를 다루는

데서 갈등이나 어려움이 없냐고 묻자 리타는 "나에게는 없다"고
대답했다.

"내가 소속된 사회주의 정당은 나의 페미니즘을 위해 싸우고
낙태권을 쟁취하도록 싸우게 해주는 수단이에요. 그럴 수 없는
정당이라면 받아들일 수 없을 거예요."

우리는 놀랐다. '진보'가 민족주의적 남성성과 결합해
발전해온 한국에서는 페미니즘적 권리운동이 아직 정당정치 내에서
그렇게 비중 있는 사안이 되지 못하는 게 현실이기 때문이다.
이는 이번 여행에서 방문한 유럽 국가의 페미니즘 단체들에서
공통적으로 느낀 부분이기도 하다. 방문했던 진보적 페미니스트
정치 집단에서 단체 내부 남성들과의 대립이 두드러진 문제인
곳은 한 군데도 없었다. 진보 단체에서는 페미니즘 이슈를 중요한
현안으로 다루고 이를 위해 협력을 유지하고 있다. "이게 당연한
게 아니냐"고 리타가 물었는데, 이야기를 들을수록 이 점은
분명 한국과 차이가 있다고 느껴졌다. 기본적으로 남성 위주인
진보 정치와 그 안에서 굉장히 부수적으로 다루어지는 페미니즘,
언제까지고 여성도 같은 사람이라는 점부터 설명해야 하는 쳇바퀴
같은 논의들이 떠올랐다.

리타에게 던진 마지막 질문은 "낙태권 투쟁은 당신에게
개인적으로 어떤 의미가 있느냐"는 것이었다. 리타는 거침없이
대답했다.

"일단 저는 항상 프로초이스였어요."

내가 부모가 될 것인지 아닌지, 언제 부모가 될 것인지는
스스로 통제하고 싶다고 그는 말했다. 그렇기 때문에 그에게 지금의
싸움은, 페미니스트 이슈이고 사회 정의의 문제인 동시에 "나의
정치"에 관련되는 문제다.

"페미니스트로서 강간에 반대하는 동시에 인간으로서도 신체에
대한 폭력인 강간에 반대하는 것처럼, 이건 본능적인 문제이기도
해요."

리타에게 낙태권은 개인의 자율성의 문제인 동시에 페미니즘
이슈다. 그는 5년쯤 전 위민 온 웹을 통해 낙태약을 받아서
낙태한 적이 있다고 말했다. 그리고 그건 우연히도 사비타의
죽음 직후였다. 사람들은 그에게 "왜 이런 일을 하냐"고 묻는다.
낙태약을 구하려는 거냐는 질문을 받기도 하는데, 그럼 그는
"맞기도 하고 아니기도 하다"고 대답한다.

"나의 낙태는 끝났어요. 나는 운이 없었죠. 낙태가 불법인
나라에 태어났으니까. 하지만 안전한 낙태를 할 수 있었다는
점에서는 운이 좋았죠. 나는 내 경험을 그저 개인적인 일로 끝내고
싶지 않아요."

그는 사회주의 정당 소속 활동가이자 페미니스트, 낙태한
경험이 있는 여성으로서 지금의 투쟁에 확신을 가지고 있었다. 그는
그가 태어난 나라에서 여성의 재생산 권리를 위해 투쟁하고, 그가
원할 때에 아이를 가질 것이다.(그는 부업으로 베이비시팅을 하고
있을 만큼 아이를 좋아한다.)

인터뷰를 마무리 짓고 리타에게 한국에 보내는 영상 메시지를 찍어줄 수 있겠느냐 제안했더니, 그는 마치 준비했던 것처럼 멋진 말을 술술 해주었다.

"아일랜드는 아마도 올해에 낙태권을 얻게 될 것입니다. 폴란드, 한국, 남미에서도 그렇게 될 것입니다. 우리는 서로로부터 배울 수 있습니다. 저희는 한국의 여성들이 행진하면서 폴란드어와 영어로 낙태권을 쟁취하겠다는 구호를 외쳤던 것을 인상 깊게 기억하고 있습니다. 정말 사랑스러운 연대의 메시지였어요. 여성들은 같은 문제로 싸우고 있습니다. 동시에 국제적 연대로 서로 도울 수 있습니다. 예를 들어 위민 온 웹은 한국에서 낙태 시술을 할 의사를 찾을 수 없는 사람을 도와줍니다. 낙태약을 얻는 방법도 그중 하나고요. 우리는 전 세계에 걸쳐 이 투쟁으로 연결되어 있어요. 우선 우리는 아일랜드에서 승리를 거두길 바라고 있습니다. 그러고 나면 이 승리는 한국의 정치계에도 메시지를 주게 될 것입니다."

우리는 이 짧은 영상 클립에 자막을 달아 봄알람 SNS에 업로드했다.

어느새 해가 지고 다음 장소로 떠나야 할 시간이 되었다. 아래층까지 배웅을 나와준 리타와 번갈아 포옹을 하며, 투쟁 구호를 외쳤다.

"수정헌법 8조 폐지!(Repeal the 8th!)"

승리 전야

행사 참여와 인터뷰로 꽉 찬 하루의 마지막에 향한 곳은 로자 사무실에서 걸어서 멀지 않은 펍이었다. 롬바드 바라는 곳에서 ARC의 활동가들을 만나기로 했다. ARC에서 원래 우리와 만나기로 했던 에마가 감기로 앓아누워 인터뷰를 할 수 없게 되어 직전에 약속이 취소되었는데, 다른 활동가가 우리를 만나보고 싶다고 어제 연락이 왔다. 이미 로자와의 약속을 잡은 뒤라 우리는 늦은 저녁 그들의 술자리에 초대되었다. 굉장히 긴 회의를 마치고 뒤풀이를 하는 날이라고 했다. 우리에게도 익숙한 뒤풀이 분위기와 하나도 다르지 않아 생각보다 친숙하게 자리를 잡고 섞일 수 있었다. 펍에 음식이 없다는 것과, 맥주가 훨씬 맛있다는 것은 달랐지만.

사람들이 잔뜩 들어차 왁자지껄한 술집 안에서 MERJ(Migrants and Ethnic-minorities for Reproductive Justice)의 에밀리와 ARC의 세라를 만났다. 이민자와 소수인종 권리운동을 하는 에밀리는 재생산권 문제에서 이주 여성이 어째서 더 취약한 위치에 놓일 수밖에 없는지 설명해주었다. 재생산권 문제에 있어서 이주자와 소수인종을 위한 단체가 별도로 필요한 이유는 무엇일까? 아일랜드의 백인들은 '아일랜드에 인종차별이 없다'고 쉽게 말한다. 하지만 미국인 어머니와 일본인 아버지에게서 태어난 에밀리는 성차별과 인종차별이 교차하는 부분을 아일랜드에서 분명 느끼고 있었다. 섬유공장에서 일을 하면서도 그랬고, 소수인종 여성이 처한 현실을 봐도 그랬다.

낙태를 하고자 하는 이주 여성은 돈이 없고, 병원에서
차별받고, 신분 때문에 문제를 겪는다. 서류 없이 아일랜드로
이주한 여성들이 낙태약을 얻으면 구류될 위험이 있고 한번
아일랜드를 떠나면 다시 들어오는 것이 불가능하다. 그러나
소수인종 여성이 겪는 이러한 차별은 특수한 상황으로 여겨져 주된
논의에서 배제되곤 한다. 소수인종 여성은 재생산권 문제에서도
소외되어 있는데 일례로 아일랜드 모성사망률의 40퍼센트를
차지하는 것이 소수인종이라고 한다. 경제적으로 취약하다는 조건
때문이기도 하지만, 인종 때문에 멸시당하고 더 쉽게 죽고 더 나쁜
상황에 처한다고 에밀리는 말했다. 사비타는 중산층이고 의사였다.
그러나 유색인이고 이주민이었다. 한 시리아계 미국인은 병원에서

에밀리는 이주 여성의 재생산권 운동을 하고 있다.

살을 절개한 뒤 2시간 동안 출혈 상태로 방치되었다. 에밀리의
떠나온 조국인 미국도, 트럼프 집권 이후 낙태권이 취약해지는
것이 확실히 느껴진다고 그는 말했다. 미국에서조차 종교적 신념을
가진 간호사, 이웃, 직장 동료가 낙태를 감시하고 고발하려 드는
분위기가 생기고 있다는 것이다. 이런저런 푸념과 수다를 떨며 맥주
두 잔씩을 비웠을 때쯤 에밀리는 새로 도착한 친구들에게 불려
가고, 이어서 세라가 빈자리를 채웠다.

세라는 ARC 소속으로 홍보 담당인데 우리의 메일을 받자마자
꼭 만나고 싶어했다고 에마에게 전해 들었다. 시간 조율이 잘 안
되어서 못 만나고 갈 줄 알고 아쉬워했는데 이 뒤풀이 자리에서
짧게나마 다 같이 만나기로 한 것이었다. 우리를 왜 만나고
싶었느냐 물으니 세라는 "국제적 연결이 중요하기 때문"이라고
대답했다. 홍보 담당 활동가로 일하면서 그 중요성을 늘 느끼고
있다고 한다. 유니가 디자인한 배지를 선물로 주니 정말 귀엽다며
망설임 없이 입고 있던 새틴 드레스에 꽂았다. 오히려 우리가
구멍이 남을 걱정을 잠시 하는 동안 세라는 만족스러운 듯 웃으며
ARC의 디자인은 어떤지 물었다. 강렬하고 투쟁적인 이미지에
흔히 사용되지만 일반 대중에게 거리감을 줄 수 있는 붉은색이나
검은색 대신 친근하게 느껴지는 초록색, 보라색, 노란색을 신중하게
골랐다고 한다.

세라는 ARC가 극단에 서서 소리치기보다는 중간에서
많은 사람을 재생산권 이슈에 관심 갖도록 포용하는 정체성을

갖고자 한다고 말했다. 로자에서 보았던 붉은색 홈페이지와 검은색 단체복, 트로츠키 액자가 곧바로 떠올랐다. 규모 면에서도 로자와 ARC는 상당히 차이가 났다. 로자에 20여 명의 활동가가 비정기적으로 참여하는 반면 ARC는 전국에 지부를 두고 있는 큰 조직이다. 큰 회의가 있었다던 우리가 만난 날이 바로 전국에서 온 활동가들이 모여 긴 토론을 나눈 날이었다.

5월에 있을 낙태죄 폐지를 위한 국민투표를 앞두고 세라는 2015년 국민투표를 통해 동성결혼 합법화를 얻어내는 데 기여했던 퀴어 활동가들로부터 운동을 홍보하고 조직하는 방법을 배우고 있다고 했다. 퀴어 활동가들도 이번 국민투표를 위해 연대하고 있다는 이야기가 기억에 남은 것은 퀴어 운동과 페미니즘 운동이 특정 이슈에서 자연스레 의기투합해 돕는다는 것이 인상적이었기 때문이다. 이야기를 들으며 아일랜드에서 수정헌법 제8조에 대한 국민투표를 지난해 취임 당시 약속으로 내걸었던 현 총리 리오 버라드커가 커밍아웃한 게이라는 사실이 떠올랐다. 유럽 안에서 최악의 재생산 권리와 최고의 성소수자 권리를 가졌다는 이 나라에서 페미니즘 운동과 퀴어 운동은 어떻게 교차하고 있을까? 시간이 있다면 더 묻고 싶었던 내용이다.

다양한 네트워킹과 행사를 기획하고 있는 ARC 사람들은 희망에 차 보였다. 5월 말의 국민투표에 어느 정도 확신을 갖고 있기 때문일 것이다. 그들에게서 느껴지는 희망과 활력은 섣부른 것도, 근거 없는 것도 아니었다. 그들은 수년, 아니 수십 년간의 투쟁이 만들어낸 필연적 변화를 마침내 앞두고 있었다.

분노와 희망 그리고 성취

에밀리, 세라와 헤어진 뒤 한밤중에 숙소에 도착해 하루간의
인터뷰와 촬영 데이터만 대강 정리해두고 잠에 빠졌다. 다음날.

"추워."

"무조건 따뜻하게 입자. 계속 밖에 서 있어야 될 수도 있어."

이날의 일정은, 어제 세라가 알려준 ARC의 거리 캠페인
참여였다. 시간여행자를 콘셉트로 한 거리 홍보에서 본격 코스튬을
하고 등장한 활동가 루테, 캐럴, 리베카를 만났다. 서프러제트
당시의 사람들처럼 옷을 입고 더블린의 중심부인 윌리엄 스트리트
사우스에서 낙태권과 국민투표에 관한 홍보물을 나눠주는
이벤트였다. 우리의 복장은 투박한 패딩으로, 시간여행자로서는
실격이었지만 용기를 내 홍보물 나눠주기에 동참했다. 완전히
눈길조차 안 주는 사람 혹은 내용을 대충 파악하고 거절 의사를
표하는 사람이 많았지만 기꺼이 받아서 관심을 갖고 읽거나
눈인사를 해주는 사람들도 있었다.

그러던 중 다소의 언쟁도 있었다. 머리가 희끗한 중장년의
여성이 우리에게 다가와 무얼 하냐고 물었다. 동양인인 우리가 홍보
부스 근처에서 전단을 나눠주는 모습이 눈에 띄기는 했을 것이다.
우리는 "캠페인을 돕고 있다"고 말하며 낙태권에 대해 적힌 홍보

수정헌법 8조 폐지를 위한 길거리 캠페인. ARC 활동가들은 서프러제트 복장으로 눈길을 끌었다.

지나가는 시민에게 어색하게 전단지를 건넸다.

전단을 보여주었다. 전단을 흘끗 보자마자 그가 말했다.

"여행을 낭비하고 있군요."

그 말의 의도를 미처 파악하기도 전에 그는 마치 우리를 '계몽'하려는 듯, "낙태라는 끔찍한 죄악"에 관한 설교를 시작했다. 순식간에 벌어진 상황에 잠시 당황했지만 곧 그의 말을 끊고 대답했다.

"우린 이걸 하려고 여기에 온 건데요."

그는 진심으로 아연한 듯했고, 진심으로 우리를 깨우쳐주고 싶은 것 같았다. 굉장히 길게 말씀하셨지만 요약하자면 이런 내용이었다. 자신은 어머니가 없이 고아원에서 수녀의 손에 자랐고 어릴 적 굉장히 힘들었다. 그러나 아이를 낳아서 키우며 행복한 삶을 살고 있다. 아이는 소중하기에 죽여서는 안 된다. 낙태가 가능했다면 자신이 낙태되었을 것이다. 그러므로 낙태를 해서는 안 된다. 우리는 그렇게 생각하지 않는다고 말해도 그는 점점 감정에 복받친 듯 말을 이어갔다. 태아의 고통과 자신의 고통을 호소하는 그를 향해 뭐라고 말해야 할까, 잠시 고민했다. 재생산권을 통제받은 여성들의 수많은 불행과 고통에 관한 이야기가 뇌리를 스쳤다. 아일랜드가 지금 맞이하고 있는 기념비적 변화의 목전에서 "아이는 소중하므로 낙태는 안 된다"고 말하는 여성과 결국 한마디도 대화에 성공하지 못했던 이 짧은 만남은 조금 괴로운 기분을 남겼다.

캠페인이 끝난 뒤 루테, 캐럴, 리베카는 기꺼이 인터뷰에

응해주었다. 단, 영상은 찍지 않는 조건. 가판대 정리까지 마친
그들과 근처의 카페로 자리를 옮겼다. 우리가 유럽의 낙태권
운동에 관한 이야기를 출판하기 위해 유럽에 왔다고 소개하니,
"아주 좋은 시기에 왔다"고 말했다. 그리고 루테가 한 번 더
강조했다.

　"이런 기회가 다시 오긴 어려울 거예요. 35년 만에 온 기회죠."

　그리고 셋은 금세 아일랜드의 현실에 대해 분통을 터뜨리듯
이야기를 쏟아냈다. 캐럴은 아일랜드의 성교육이 가톨릭의
성보수주의적 경향으로 인해 섹스 얘기를 하지 않고 바로 임신을
다루는 것부터 문제라고 지적했다. 그렇다 보니 사람들이 오해가

오른쪽 끝에서부터 캐럴, 루테, 리베가 세 명이 인터뷰에
응해주었다.

많고 생물학적, 과학적 기본 지식조차 없다. 하지만 이제 젊은 세대는 가톨릭을 믿지 않는 사람도 점점 많아지고, 섹스에 대한 고정관념이 적다고 말했다. 이런 상황이지만 혹은 이런 상황이기에, 무슨 일이 있어도 이번 국민투표에 이겨서 낙태 합법화로 나아가야만 한다.

"낙태를 하고 싶으면 영국에 가면 된다고 쉽게들 생각하지만 돈도 돈이고 친구, 가족, 직장에 휴가인 것처럼 거짓말을 하고 하루 이틀을 비워야한다는 상황 자체가 끔찍해요."

"지금 아일랜드에서는 여자가 임신하는 순간 인간으로서의 권리는 없어져요. 내 몸인데도 의사가 하라는 대로 따라야 하고 스스로 결정을 내릴 수 없게 되죠. 의사 말을 따르지 않으면 체포될 수도 있으니까."

자궁에 수정이 되는 순간부터 그들은 태아의 "캐리어"가 되며 국가는 태아를 생명으로 대우하고 그 캐리어인 여성을 인간으로 보지 않는다고 말했다. 그들은 절실하게 분노하고 있었다. 원해서 임신하고 낳기로 결심한다고 할지라도 아일랜드의 헬스 케어나 아동 복지 상황은 좋지 않다. 리타도 같은 말을 했었다. 여성과 아동을 위한 복지 체계가 제대로 갖춰져 있지 않은 나라에서 낙태를 하려 하든 임신을 지속하려 하든 당사자를 도와줄 만한 가족이나 친구가 없으면 외롭고 고통스러운 상황에 처한다. 캐럴은 이 모든 상황에 대해 "그냥 여자라서 벌을 받는 것 같다"고 표현했다.

리베카는 북아일랜드 출신이다. 북아일랜드는 아일랜드 섬에

속하지만 아일랜드 공화국이 아닌 영국의 영토다. 아일랜드가 영국에서 독립할 때 북아일랜드 지역은 영국에 남을 것을 희망했기 때문이다. 북아일랜드 내부는 구교(가톨릭)와 신교(기독교)의 대립이 심한데, 이를 상징적으로 보여주는 것이 북아일랜드의 수도인 벨파스트를 포함해 전역에 걸쳐 존재하는 장벽인 평화선(Peace Lines)이다. 25피트 높이의 벽인 평화선은 베를린 장벽에 견주어지기도 하는데 다른 점이 있다면 이 벽은 무너지지 않았다는 것이다. 리베카는 북아일랜드의 종교와 정치가 이를 기준으로 거의 절반으로 갈라져 있는 것과 같다고 말했다. 모든 의제에 대해 한쪽이 찬성하면 한쪽이 반대하는, 즉 구교와 신교의 대립으로 모든 사안이 나뉘는 현실이다.

"그런데 유일하게 두 세력의 의견이 일치하는 사안이 낙태 금지예요."

"어, 근데 북아일랜드면 영국이잖아요? 영국은……"

"영국은 낙태가 합법이지만 북아일랜드는 불법이에요."

상상도 못한 얘기였다. 북아일랜드는 영국 영토이지만 북아일랜드 사람이 낙태를 하려면 그레이트 브리튼 섬으로 가야 한다. 그리고 북아일랜드는 영국 영토이기에, 이번 국민투표에서 이겨 아일랜드의 낙태 합법화가 이루어지더라도 북아일랜드에서는 낙태가 여전히 불법으로 남아 있게 될 것이다.

"별다른 일이 없다면요."

그렇게 덧붙이는 리베카의 표정은 절망적이었다. 영국이라고 하면 사람들은 잉글랜드를 떠올리기에, 북아일랜드는 사각지대다. 이곳의 재생산권 현실은 전혀 주목받지 못하고 있다. 보수적인 구교와 신교가 다투는 나라에서 구교와 신교가 함께 낙태 금지를 지지하는 현실.

"낙태 합법화는커녕, 낙태를 하려는 것 같기만 해도 신고하는 곳이라고요."

"그게 무슨 소리예요?"

"낙태약을 구해서 몰래 복용한 여성의 룸메이트가 쓰레기통에 있는 패키지를 보고 신고하거나, 엄마가 구해다 준 낙태약을 복용한 딸을 패밀리 닥터가 신고한 일이 있어요."

충격적이었다. 리베카는 북아일랜드의 상황에 환멸을 느껴 아일랜드로 왔고 장기적으로는 이곳에 정착하고 싶다고 말했다. 루테와 캐럴도 더블린 출신이 아니었는데 지금은 이곳에서 다른 일을 겸하면서 ARC 활동에 집중하고 있었다.

"이번 국민투표는 일생에 한 번뿐인 기회라고 생각해요. 예전엔 생각할 수조차 없었어요."

루테는 낙태가 합법인 나라에서 살다가(어디인지는 언급하지 않았다) 아일랜드로 이주했는데, 처음 아일랜드에서 낙태가 불법이라는 걸 알았을 때 큰 충격을 받았다고 말했다. 당연히 여성 자신이 선택할 수 있는 문제라고 믿고 대단한 권리조차 아니라고 느꼈던 낙태가 이곳에서는 국가에 의해 감시되고 처벌받는 죄일 수 있다는 사실을 알게 된 것이다.

"그때 내 인생에서 처음으로 내가 남자와 평등하지 않다고 느꼈죠. 나는 평등하게 자랐다고 생각했어요. 그냥 그게 익숙하죠. 지금 이 나라에서 일어나는 일은 나와 너무 분리되어 있다고 느껴요. 이건 말이 안 되는 거예요."

캐럴은 아일랜드의 작은 마을인 코크 출신이다. 그는 이 나라의 모든 여성이 낙태의 권리를 얻어야만 하며, 이건 인권의 문제라고 말했다. 가톨릭 이념은 여성이 선택 능력이 없다고 생각하고, 낙태와 관련한 사안에서 여성을 대우하는 방식은 그것을 잘 보여준다. 지금 이 나라에서 여성은 인간이 아니다. 캐럴이 수도 더블린에 정착해 지금의 운동에 몸담게 된 것은 그러한 분노에서다. 리베카도 동의했다.

"임신 중단은, 여성이 선택할 수 있어야만 해요. 누구의 강요도 없이 스스로요."

그리고 루테는 '투표하러 고향으로(Home to Vote)'라는 사이트를 소개해줬는데, 재외국민들에게 아일랜드로 돌아와 국민투표를 통해 낙태권을 얻어내는 이번 싸움에 동참할 것을 요청하는 곳이었다. 우리가 모든 인터뷰를 마치고 한국에 돌아오고도 계절이 바뀐 뒤, 5월 국민총투표를 앞두고 실제로 줄지어 입국하는 아일랜드 여성들의 사진이 언론에 보도되었다. 그리고 5월 25일 이루어진 국민투표를 통해 66.4퍼센트의 찬성으로(투표율은 64.1퍼센트) 수정헌법 제8조는 폐지되었다. 이제 아일랜드 여성은 임신 12주차까지 자유롭게 낙태할 수 있으며,

이후부터 24주 사이에는 태아나 산모의 건강이 위협받는 경우 낙태할 수 있도록 법이 개정될 예정이다.

"이길 거예요."

서프러제트 활동가의 복장을 한 세 여성이, 2018년의 카페에 앉아 진지한 눈빛으로 입을 모아 그렇게 말했다.

지난 겨울 아일랜드에서 우리가 만난 싸우는 여성들은 대체로 다가올 국민투표의 결과에 희망적이었다. 하지만 몇 마디 대화를 이어가다 보면 일말의 불안이 엿보이기도 했다. 뿌리박힌 가톨릭 관념과 보수적 시각에 대해 그들이 들려준 일화들은 그러한 불신에 고개를 끄덕이게 했다. 하지만 이제 불안은 사라졌다. 아일랜드 여성들은 정말로 승리했다. 이것은 그들이 만들어낸 승리다. 광장에 모여 함께 기뻐하는 이들의 사진과 영상을 보며 그 흥분을 느껴보았다. 리타의 바람대로, 이 승리가 한국에까지 전해지길 바란다.

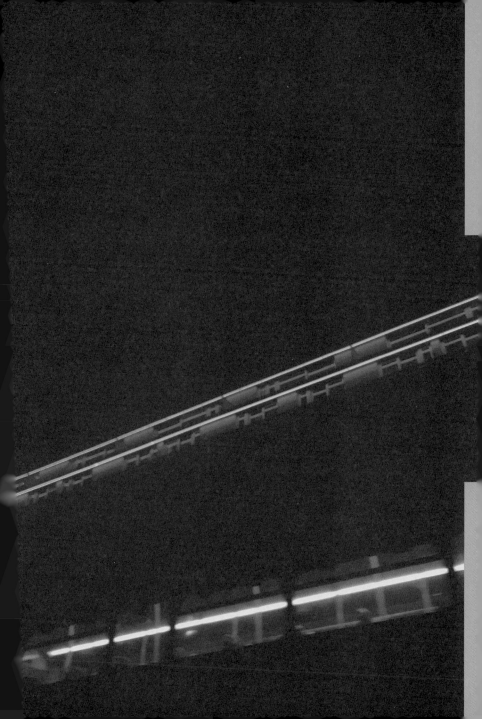

4장
루마니아
Romania

가장 끔직한
국가주의 인구 정책의
역사를 넘어

수도	부쿠레슈티(Bucharest)
낙태 허용	임신 14주까지 가능
낙태 처벌	허용된 시설 외에서 수술을 하거나, 수술 집행인에게 산부인과의사 면허가 없거나, 임신 14주 이상인 여성에게 낙태 수술을 할 시 수술 집행인에게 징역 6개월~3년 혹은 벌금형
합법화 시기	1989년
주 낙태 방법	약물 및 수술
특이사항	독재정권에 의해 낙태가 전면 불법화되었던 역사가 있으며 현재 유럽 제1의 낙태 시술국

루마니아?

루마니아와 낙태라고 하면, 뭔가 들은 게 있는 사람은 곧 차우셰스쿠의 이름을 떠올린다. 니콜라에 차우셰스쿠 독재정권은 인구 증가 정책으로서 낙태를 전면 금지했다. 이와 더불어 시도된 여러 출산 강요 정책으로 인해 한때 출생률이 급증했으나 대신 모성사망비가 치솟았고 수많은 고아가 생겨난 극악한 사례를 남겼다. 차우셰스쿠의 사망과 함께 독재정권이 몰락하며 낙태도 다시 합법화되었지만 그의 정권에서 일어난 출산 정책은 역사상 가장 끔찍한 국가에 의한 여성살해 사건 중 하나로 기록되었다.

루마니아는 처음 우리가 인터뷰 요청 메일을 보낸 국가 목록에는 없었던 나라인데, 차우셰스쿠 정권의 이야기를 듣게 된 뒤 뒤늦게 합류했다. 루마니아의 여성인권단체 프론트(FRONT)에 연락했는데 곧바로 "원하는 날 언제든 시간을 비워놓겠다"는 환대의 답변을 받았다. 목소리도 얼굴도 모르는 이의 짧은 메일에 든든한 연대를 느끼며, 우리 넷 중 누구도 방문해보리라고 예상해보지 않은 낯선 동유럽의 나라로 향했다.

짧고 빡빡했던 아일랜드의 일정을 끝낸 후 밤 비행기를 타러 더블린 공항으로 향했다. 길거리 캠페인에다 인터뷰, 저녁 식사 약속까지 바쁘게 끝마친 터라 다들 추위와 피로에 해롱대고 있었다. 이렇게 한밤중에 국경을 넘게 된 이유는 순전히 항공권 때문이었다. 목적지인 루마니아의 수도 부쿠레슈티로 가는 비행 편 자체가 많질 않았고, 그나마도 가격이 만만치 않았다. 사실 만만치 않은 정도가 아니라 너무 비싸서 가격에 맞춰 항공권을 사려다 보니, 밤중에 출발해 경유를 거쳐 이른 아침에 목적지에 떨어지는 일정이 된 것이다. 경유지는 몰도바의 키시너우. 이날 몰도바로 출발하는 몰도바 항공을 타기 위해 공항 카운터에 도착할 때까지도 몰도바에 대해 아는 사람은 우리 중 아무도 없었다. 우리는 루마니아 동쪽으로 국경을 맞댄 이 나라에 초록여권으로 들어갈 수 있는가? 공항 카운터에 다 와서야 갑자기 거기에 생각이 미쳤다. 다행히 몰도바와 한국이 2014년 1월부터 무비자 90일 체류 가능 체결을 맺었다는 것과 알고 보니 한국은 162개국에 비자 없이 입국할 수 있는 여권 파워의 나라라는 것을 알게 되었다. 해외에서 초록여권의 혜택을 이렇게 직접적으로 느낀 건 처음이었다.

하지만 여권 파워에도 불구하고, 불행히도 항공사 직원이 '코리아'를 알아듣지 못했다. 옆의 직원도 그 옆의 직원도 마찬가지였다. 북한이냐 남한이냐, 남한이라고 분명히 말했으나 또 한참 뭐라고 얘기를 나누더니 결국 입국이 안 될 것 같다고 답했다. 가슴이 철렁했다. 몰도바를 지날 수 없으면 루마니아에도 갈 수 없고 항공권을 날린 채 꼼짝없이 모든 상점이 문을 닫은 더블린 공항에서 밤을 새야 할 신세였다. 우리가 확인한 사실에 근거해 설명을 해도 현지 경찰에게 전화로 확인을 하더니 '비자 없이는 몰도바에 갈 수 없다'고 단언했다. 예정에 없이 모스크바에서 하루를 보낼 때나 파리의 숙소에서 전기와 온수를 모두 잃었을 때에도 어떻게 되겠지 했었는데 이번에야말로 망한

것인가, 생각했다. 최대한 침착하게 몰도바 외교부 홈페이지에서
대한민국은 무비자 체류 가능국이라는 정보를 찾아 화면을
직원에게 보여줬다. 다시 우왕좌왕하며 머리를 맞대는 직원들,
그리고 마침내 우리는 예약한 표를 받을 수 있었다. 진이 다 빠진
채 쓸데없이 넓고 넓은 텅 빈 공항을 한없이 뛰어 비행기를 타는 데
성공했다. 경유 시간은 다행히 길지 않았으나 어쨌든 누적된 피로와
예기치 않은 우여곡절 끝에 루마니아에 도착했을 땐 다들 눈만
겨우 깜빡이는 상태였던 것 같다.

 피로가 심해서인지 오히려 비행기에서도 잠에 들지 못한 채
비행기 창이 검은색에서 보라색으로, 보라색에서 푸른색으로
바뀌는 것을 바라보다 보니 어느새 부쿠레슈티 공항에 도착했다.
루마니아는 유럽연합에 속한 국가지만 유로를 쓰지 않고 별도의
화폐 단위인 레우를 사용한다. 공항에서 유로 약간을 레우로
환전해 택시를 탔다. 시내 중심에 있는 숙소까지 1시간가량 걸렸다.
택시 기사가 끊임없이 말을 걸었다. 알아듣기도 힘든 말로 어디서
왔느냐, 거기 올림픽을 하지 않느냐, 너는 내 딸이다(?), 이런 식의
환영이 전혀 달갑지 않았다. 조용히 쉬고 싶어서이기도 했지만 입
냄새가 정말로 심했기 때문이다. 견디지 못하고 창문을 열었더니
닫으라고 했다. 차마 입 냄새 얘기는 하지 못해 고개를 기사님
반대편으로 최대한 돌리고 앉아 있느라 내릴 때는 목이 아팠다.

 그러나 난관은 계속됐다. 숙소에 지정 시간보다 일찍 체크인이
가능한지 물어본 데 답이 아직까지 없었다. 호스트에게 전화를

걸어줄 수 있느냐고 택시 기사님께 부탁했는데 "이 사람이 자는 중인 것 같고, 지금 못 들어간다고만 하고 뚝 끊어버렸다"는 것이었다. 바닥난 체력에 더해 마음까지 다시 불안해졌다. 부쿠레슈티의 출근길과 시간이 맞물리는 바람에 교통체증까지 겪고 어쨌든 지도의 장소에 도착했다. 그러나 지도가 가리키는 자리에는 폐건물만이 있었다. 아일랜드에서 엉뚱한 곳에 내린 경험이 이미 있었기에 기사님께 숙소를 제대로 찾을 때까지 기다려달라 부탁하고 근방을 빙글빙글 돌았다. 초조했지만 주소는 이 근처가 맞다는 확신이 생겨 택시 값을 치렀다. 짐을 내린 뒤 막막한 심정으로 담뱃불을 붙였다. 그걸 본 기사님이 출발하려던 택시에서 무려 내려서 쫓아와 "네가 내 딸인데 담배를 피우냐"며 "베이비, 노 스모킹"을 외친 것을 마지막으로 기사님과는 작별했다. 어쨌든 좋은 기사님으로 기억하기로 했다. 아주 맛있는 루마니아 전통 식당을 알려주었기 때문이다. 루마니아에 볼 게 뭐 있다고 여기까지 왔냐고 콧방귀를 뀌며 교통체증에 시종 화를 내던 다른 택시 기사님은 택시비를 두 배 바가지 씌웠다는 것을 알게되었다.

어쨌든 숙소는 이 근처이니, 호스트가 연락을 주기로 한 오후 2시까지 다섯 시간가량만 어딘가에서 잘 버티면 되었다. 캐리어와 가방과 카메라와 삼각대를 붙들고 들어갈 만한 곳을 찾아 터덜터덜 걷고 있자니 부슬비가 내렸다. 아무도 별 말은 안 했지만 다들 아주 예민한 상태였을 것이다. 낯섦에 지쳐버린 우리가 친숙한 간판을 쫓아 정착한 곳은 맥도널드였다. 먹을 것을 주문하는 데에 그렇게 다들 의욕이 없었던 건 처음이다. 그러나 놀랍고 우습게도, 산더미 같은 짐을 끌어안고 앉아서 배를 채우고 커피를 마시고 나자 우리는 어느새 다시 웃고 떠들고 있었다. 잡담으로 한 시간여를 보낸 뒤 기초 루마니아어를 서너 마디씩 익히다가 깨달았다.

"이렇게 다섯 시간은 안 가."

그리하여 우리는 영화를 보기로 했다. 루마니아에서 낙태가 불법이었을 당시의 현실을 묘사한 영화 「4개월, 3주⋯ 그리고 2일」을.

4개월, 3주⋯ 그리고 숙소로

2007년에 칸 영화제 황금종려상을 받고 우리나라에서는 2008년에 개봉했던 크리스티안 문쥬 감독의 「4개월, 3주⋯ 그리고 2일」은 일단, 뭘 먹으면서 공공장소에서 보기에는 실로 적절치 못한 영화였다. 특히 옆자리에 앉은 루마니아 할아버지가 뚫어져라 그 영화를 같이 감상하고 있다면 더더욱 그렇다. 시선을 견디다 못해 우리는 옆의 식당으로 자리를 옮겼다. 음식과 차를 시키고 다시 영화를 재생했다.

영화는 대학 기숙사에서 주인공 오틸리아가 팜올리브 샴푸를 쓰면 비듬이 생긴다는 따위의 시시껄렁한 얘기를 하는 것으로 시작한다. 그리고 몇 장면 뒤 오틸리아는 은밀히, 어렵사리 호텔 방을 구하고 낙태 시술을 해줄 사람과 접선한다. 오틸리아의 친구

영화 「4개월, 3주··· 그리고 2일」을
보며 숙소 체크인 시간을 기다렸다.

가비타가 임신을 했고, 낙태를 해야만 했다. 오틸리아는 영화에서
가비타가 의지할 수 있는 유일한 인물이다. 낙태 수술을 받을
장소를 구하기부터 마침내 태아를 버리기까지, 영화는 쫓기는
심정으로 이리저리 부딪히며 어둑한 거리를 뛰어다니는 오틸리아를
비춘다. 어설픈 불법 시술, 들키면 감옥에 가는 상황, 어떤 권리도
보장받지 못하는 취약한 상태로 이 모든 걸 겪어내야 하는 두렵고
불안한 두 여자의 처지와 심경을 함께 겪는 영화다. 결국 가비타는
태아를 떼어내는 데 성공하고 오틸리아는 이것을 버리기 위해
거리로 나온다. 불법 시술을 맡은 남자가 "막히니까 변기에 버리면
안 된다"고 말했기 때문이다.

　이 영화를 본 많은 사람이 "가비타가 답답하다"는 평을 남긴
것을 보았다. 그는 혼란에 휩싸여 있고, 징징거리며, 판단력을
잃은 것처럼 보이기 때문이다. 그리고 그런 가비타가 오롯이 그를
돕는 주인공 오틸리아의 짐이 되는 듯 보이기 때문이다. 개가

찾아내면 경찰에 발각될 우려가 있으므로 밖으로 나온 태아를 절대 땅에 묻어선 안 되고 꼭 쓰레기통에 버리라는 당부에도 불구하고 가비타는 오틸리아에게 "태아를 잘 묻어달라"고 부탁한다. 숨을 죽이고 영화를 보던 우리 넷 중 누군가가 "아니 묻으면 안 된다고!"라고 반사적으로 외쳤고 바로 다른 누군가가 "지금 이 여성을 비난하는 말은 하지 말자"고 말했다. 그 누군들 가비타의 상황에서 조금 더 현명하고 냉철하게 이 일을 감당할 수 있었을까. 그리고 설령 그렇다고 한들 가비타를 비난해도 되는 것은 아니다. 그의 잘못은 독재정권 치하 루마니아에 태어나버린 것뿐이다. 우리는 기도하는 마음으로, 오틸리아와 가비타가 함께 음식을 두고 앉아 이 일을 끝까지 비밀로 묻기로 약속하는 마지막 장면까지 함께했다.

영화가 끝나자, 누가 먼저랄 것도 없이 검색을 시작했다. 고통에 숨을 삼키게 하는 영화 속의 상황을 좀 더 이해하고 싶어서였다. 차우세스쿠 정권하에서 여성의 신체를 대상으로 자행된, 전세계를 분노케 한 폭력들의 자세한 내용들을 말이다.

먼저 루마니아의 역사를 아주 간략하게 알아보자. 루마니아 국가가 처음 설립된 것은 14세기다. 러시아, 오스트리아, 터키에 의해 3분화 통치를 받은 19세기를 거쳐 1862년 '루마니아'가 정식 국호로 채택되고, 1878년 6월 베를린 조약으로 루마니아는 국제사회에서 독립국으로 승인받았다. 1945년 소련에 의해 공산화된 뒤 1947년 왕정이 폐지되고 루마니아 인민공화국이

선포됐다. 차우셰스쿠가 당서기장을 집권하면서 권력을 장악하게
되는 것은 1965년이다. 그리고 1989년 12월의 시민 민주혁명으로
차우셰스쿠와 그 가족은 끌려나와 총살당하고 공산 정권이 막을
내린다.

「4개월, 3주⋯ 그리고 2일」은 차우셰스쿠 집권기인
1965~1989년 사이가 배경이다. 인구를 늘리기 위해 차우셰스쿠는
포고령 770호라고 불리는 낙태 금지법을 시행했다. 이 법은 피임에
대한 제한을 포함한다. 시행 후 첫 4년 동안 루마니아에서는 여성
1인의 출산율이 2배 증가하고 조출생률이 14명에서 21명으로
급격히 늘어났으나 곧 이전과 비슷한 출산율로 돌아오게 된다.
낙태 불법화로 인해 낙태가 몹시 위험해졌음에도 많은 여성은
낙태를 선택했고, 매년 500여 명이 출혈과 감염으로 사망했다.
1992년도 미국 공중보건 학회지의 분석에 따르면 낙태 금지법
시행 이후 17년 만인 1983년도 모성사망비는 1966년도에 비해
7배로 높아지고 당시 주변 유럽 국가들에 비해서는 9~20배가량
높아졌다. 공산 정권 몰락과 함께 낙태 금지법도 철폐되었고 그
직후 모성사망비는 다시 절반으로 감소한다.

어쨌든 집중할 거리를 찾은 덕에 우리는 무사히, 약속한
2시를 맞이할 수 있었다. 드디어 숙소에 체크인해 짐에서 해방되고
몸을 뉘일 시간이다. 체크인이라고는 했지만, 전문 숙박시설이
아니라 평범한 아파트였다. 두 겹의 문을 직접 여닫아야 하고
올라설 때마다 바닥이 무게만큼 푹푹 꺼지는 엘리베이터를 두 명씩

나눠 타고 올라가자 마침내 넓고 쾌적하고 저렴한 숙소에 들어설
수 있었다. 큼직한 장미가 박힌 황토색 이불은 다소 쳐다보기
괴로웠지만, 잘 때 이불 무늬는 보이지 않으니까.

바로 다들 곯아떨어지리라고 생각했지만 틀렸다. 이 숙소의
가장 훌륭한 점은 1층에 대형마트가 있다는 것이었다. 우리는
루마니아의 저렴한 물가에 힘입어 술과 먹거리를 욕심껏 장 봐왔다.
버터를 잔뜩 때려 넣어 야채와 스테이크를 굽고 사온 양주와 함께
빠르게 먹어치웠다.

"이제 잘 수 있겠다."

아직 이른 저녁도 되지 않은 시간이었지만, 차례로 기절하듯
잠이 들었다.

보수화하는 루마니아

루마니아에서의 둘째 날. 인터뷰가 예정된 날이기도 하다. 근처
식당에 찾아가 루마니아 전통 음식들을 골고루 시켰는데 너무나
늦게 나와서 인터뷰 약속에 늦지 않기 위해 15분 만에 다 먹어야
했다. 사실 넷이 먹으면 늘 그 정도 속도로 먹어 치우긴 한다. 맛이
있는 듯 없는 듯 미묘했다. 생선에 곁들여 나온 찐득한 옥수수 죽
같은 소스와 미지근한 레모네이드가 기억에 남는다.

만나기로 한 카르멘 라두는 프론트 협회의 젠더 전문가다.
영어로 '프론트'는 일반적으로 앞이라는 뜻이지만 루마니아어로는

숙소 창 밖으로 바라본 부쿠레슈티의 풍경

'전선'을 뜻한다. 단체명에서부터 투지가 느껴진다. 프론트 협회는 주로 가정폭력, 성폭력, 재생산과 성적 권리, 성교육에 초점을 맞춰 시위, 청원, 교육, 연구 등 다양한 일을 하고 있다. 예를 들어 웹사이트 '페미니즘 루마니아' 운영, 페미니스트 캠프, 연례 집회, 슬럿 워크 등의 활동을 한다. 우리는 숙소 근처에서 만나 카페 겸 식당에 자리를 잡았는데, 프론트 협회는 사무실이 따로 없기 때문이다. 카르멘은 카페에 가는 것에 양해를 구하며 사무실이 없는 건 역시 돈 때문이라고 설명했다. 페미니즘 관련 비영리 또는 비정부 단체들은 어디나 환경이 열악한 편이고 후원이나 지원이 거의 없다고 한다.

루마니아에 와서 무엇을 했냐는 카르멘의 질문에 "발렌타인과 보드카를 섞어 마시고 잤다"고 대답하는 대신 영화를 본 이야기를 했다. 국가가 낙태를 규제한다는 사실이 여성 개인에게 얼마나 끔찍한 상황을 겪도록 하는지, 그 통제의 폭력을 실감했다는 감상을 전하니 카르멘은 한국의 상황을 궁금해했다. 우리의 법 현실에 대해 이야기해주고, "통제의 기저를 이루는 사고는 차우셰스쿠 당시의 루마니아와 비슷한 면이 있는 것 같다"고 대답했다. 인간으로서 여성의 자기결정권을 인정하지 않은 채 여성의 신체(자궁)를 국가 자산화하는 사고다. 작년의 낙태 합법화 온라인 청원에 대해 이야기하니 카르멘은 고개를 크게 끄덕였다. 루마니아는 차우셰스쿠가 암살당해 공산 정권이 붕괴하면서 별도의 투쟁 없이 낙태 합법화가 이루어진 케이스로, 지금 루마니아가

누리는 재생산권은 사회적 운동과 합의로서 '얻어낸' 권리는
아니다.

그렇다면 루마니아의 정치나 페미니즘 운동 현실은 어떠한지
궁금했다. 카르멘은 유럽의 다른 나라들은 민주주의의 가치를
중요시하고 진보화되고 있는데, 루마니아는 그렇지 않다고
대답했다.

"루마니아의 정치인들은 변화를 받아들이려고 하지 않아요.
아마 유럽에서 동성결혼이 합법화되는 마지막 나라가 되지 않을까
싶네요."

현재 루마니아에서 동성혼은 합법은 아니다. 그러나 지금은
헌법에 결혼이 '배우자 간의 결합'이라 되어 있기 때문에 동성혼
법제화의 여지가 있는 상황이라고 카르멘은 설명했다. 하지만 지금
루마니아에 존재하는 건 그 반대의 움직임이다. 보수 세력이 결혼의
정의를 '여성과 남성의 결합'이라고 바꾸어 동성혼을 불법화하려
하고 있다.

루마니아가 직면한 이런 보수화의 배후에는 종교가 있다.
이곳은 루마니아 정교회가 지배적인데, 여자는 집에 머물면서
집안일을 해야 한다는 등 소위 전통적인 성 역할을 적극적으로
장려하는 사회 분위기가 건재하다고 한다. 낙태에 반대하는 건
물론이고 피임을 가르치는 데에도 반대하며, 학교에서 성교육이
이루어지지 못하도록 하는 데 정치 보수파와 교회가 함께 힘을
쓰는 상황이다. 특히 루마니아 정교회는 미국으로부터 돈을

받고 있어 그 재정적 힘과 영향력을 무시할 수 없다. 예컨대 진보 단체들이 주장하는 성교육을 막는 한편으로 미국에서 연사를 초청해 전통적 성 역할을 강조하는 강의를 여는 식이다.

"보수화가 당연하게도 진행되고 있어요. 진보적 법 개정이 이루어지는 것과 별개로, 사회가 거꾸로 가는 느낌이에요."

그렇게 말하며 카르멘은 한국의 성교육 상황은 어떤지 물었다. 교육부가 만든 '학교 성교육 표준안'에 남성의 성욕은 여성에 비해 매우 강하므로 성폭력을 막기 위해 남학생과 여학생이 단둘이 있는 상황을 만들지 말라는 지침이 있던 것 등 문제적인 사례들을 몇 가지 이야기했다. 여성 대상 폭력이나 여성혐오는 어떻냐는 카르멘의 질문에, 당시 한국에서 이슈였던 사건을 들려주었다.

"한국 여성 아이돌 가수가 '여자는 무엇이든 할 수 있다(Girls can do anything)'고 쓰인 핸드폰 케이스 사진을 SNS에 올렸는데, 그걸 보고 인터넷에서 '설마 페미니스트냐' '메갈이냐'라며 비난을 했죠."

카르멘도 비슷한 경험이 있다고 대답했다. 작년 여성의 날 인터넷에 페미니즘 문구와 사진을 올렸다. '나는 설거지를 하기 위해 태어난 게 아냐(I was not born to wash the dishes)'라는 당연한 문구였는데, 그 게시물에 대응할 수 없을 정도로 많은 악성 댓글과 혐오발언이 이어졌다는 것이다. 댓글을 단 남성들을 대상으로 여성들은 힘겨운 설전을 벌여야만 했다. 더 듣지 않아도 상황이 눈에 선해서 우리는 쓰게 웃었다.

포론티의 카르멘 라쿠

"아니, 그럼 설거지를 하려고 태어났다는 거야 뭐야."

지극히 당연한 얘기, 예컨대 '여성도 인간이다' 같은 말에조차 언짢아지는 남자들을 상대로 설명하는 일을 언제까지 계속해야 할까. 카르멘의 단체가 겪은 일은 이미 우리도 수없이 반복을 보아온 종류의 것이기에 한숨이 날 수밖에 없었다.

"하지만 남자들이 화를 낸다는 건 우리가 뭔가 옳은 일을 하고 있다는 뜻이죠."

카르멘의 말에 우리는 박장대소했다.

지구상에서 가장 많은 아이가 버려진 나라

이렇게 서로가 사는 곳의 상황이 얼마나 좋지 않은지를 공유하고 공감하며 수다를 떨기 시작한 지 약 한 시간이 지났을 때, 조금 늦게 합류하기로 했던 다른 일행이 범상치 않은 분위기를 풍기며 들어왔다. 빨간 머리에 빨간 안경을 쓰고, 빨간 나비넥타이를 매고, 빨간 베스트와 빨간 체크 남방을 입은 다니엘라 드라기치. 그는 20년 이상 페미니즘 운동을 했고 ANA라는 페미니스트 단체에 몸담고 있다. 또한 국제 가족계획 연합(International Planned Parenthood Federation), 유로엔지오스(EuroNGOs), 성적·재생산 권리와 건강을 위한 중앙·동유럽의 여성 네트워크인 ASTRA 등 다양한 곳에서 활동하고 있다. 그리고 동시에 태보 강사이기도 하다. 건강하고 긍정적인 에너지가 넘치는 그에게 정말 잘 어울리는 직업이다.

다니엘라는 우리에게 오기 바로 직전에 터키의 페미니스트들을 만났다고 했다. 그들은 앙카라에서 출발해 불가리아 소피아를 지났고 이곳 부쿠레슈티를 거쳐, 곧 헝가리 부다페스트와 오스트리아 빈으로 향한다고 한다.

"우리와 반대로 움직이네요."

우리는 유럽의 서쪽 끝 섬 아일랜드에서 동유럽으로 날아왔는데, 그들은 동에서 서로 가고 있었다. 우리와 같은 시기에 여러 국경을 넘어가며 다른 나라의 페미니스트들을 만나는 또 다른 페미니스트의 존재를 들으니, 만나본 적 없지만 반가운 마음이

들었다.

다니엘라는 과거 루마니아어-영어 통역사였다고 한다.
1974년, 그가 대학생이었을 때 운 좋게 유니세프의 제네바
대표의 통역을 맡게 되어 많은 곳을 돌아다닐 수 있었는데, 그때
가족계획이나 HIV 같은 개념을 처음으로 듣게 되었다. 그전까지는
그것들이 뭔지 전혀 몰랐다고 한다. 당시의 한국과 마찬가지로
제대로 된 성교육이 없었기 때문이다. 요즘으로 치면 더 일찍
배워서 알았을 만한 것들을 그는 성인이 되어서야 알게 되었지만,
그럼에도 그는 당시 루마니아의 대중보다 먼저 피임에 대해 알게
된 사람이었다. 당시는 니콜라에 차우셰스쿠의 독재가 기승을 부릴
때였다.

낙태법과 관련해 루마니아는 상당히 독특한 역사를 가지고
있다. 1967년 이전까지 루마니아에서 낙태는 자유롭고, 흔한
일이었다. 피임 방법이 잘 알려지지 않았고 피임 도구도 흔치
않았기 때문이다. 1950년대부터 여성들이 노동시장에 본격적으로
참여하게 되면서 출생률이 감소하기 시작했고 1966년에 최저점을
찍었다. 그때 차우셰스쿠가 인구학자들을 모아 구상하고 실행한
인구 정책이 바로 앞서 언급한 포고령 770이다. 당시를 직접 겪은
다니엘라의 입을 통해 듣는 이야기는 위키에서 관련 내용을 읽을
때와는 전혀 다른 충격이었다.

인구가 줄었다면 늘리면 된다. 그 목적만을 위해 맹목적으로
성립된 이 법령은 그 늘어날 인구를 낳아야 할 인간, 즉 여성의

신체와 인권을 처참히 짓밟았다. 여성들은 아이를 낳아야 한다. 이는 피임이나 낙태를 해서는 안 된다는 뜻이다. 그 즉시 피임과 낙태는 불법화되었고 임신 사실이 확인된 모든 여성은 출산할 때까지 정부의 감시의 대상이 되었다. 경찰들은 병원에 잠복해 낙태를 하는 여성을 잡아내려 했다. 여성이 유산을 하면 수술실로 경찰이 들어와 환자의 다리 사이를 살폈다. 자연유산인지 아닌지를 가려내 처벌하겠다는 것이다. 자연유산이 아닌 것으로 밝혀질 경우 그 여성과 의사는 2년간 감옥에 갔다. 여성이 살아 있다면 말이다.

"나도 차우셰스쿠 때 낙태를 했어요."

다니엘라는 자신이 처음으로 임신 중단 수술을 받은 경험을 상세히 말해주었다.

빨강을 좋아하는 다니엘라언 우리를 위해 식당에 예약 전화를 걸고 있는 가르멘

"부쿠레슈티 밖 외딴곳의 어느 어두운 집이었죠. 낙태 수술을 해준 사람은 내가 모르는 나이 든 여성이었는데, 낡은 스토브에는 끓는 물로 기구들이 소독되고 있었죠. 식탁에 누운 채 낙태를 했어요. 엄청난 고통이 왔고, 죽나 보다 싶었지. 비명을 이웃에게 들키지 않기 위해 천을 입에 물었어요."

통증은 집에 돌아온 뒤에도, 다음 날에도 계속됐다. 그러한 이야기를, 다니엘라는 특유의 리드미컬한 어조로 차분히 들려주었다. 비밀리에 낙태 수술을 해줄 믿을 만한 사람을 소개받고, 또 다른 사람에게 소개해주고, 그런 식으로 이어지는 네트워크가 있었고 그 안에서 서로서로를 도왔다고 했다. 그 관계에서는 신뢰가 가장 중요했다. 발각이 되면 붙잡혀 감옥에 가기 때문이다.

"그렇게 소개를 해주고, 수술을 하고. 또 식탁에서 했어요. 여기서 식탁은 불법 낙태의 상징이죠. 많은 여성이 나름의 이야기를 가지고 있어요."

아무튼 그렇게, 차우셰스쿠가 집권한 23년 동안 불법적이고 위험한 낙태 때문에 사망한 여성은 보고된 것만 만 명에 이른다. 하지만 이건 공식적으로 기록된 숫자일 뿐 기록되지 않은 사망자는 훨씬 많았을 거라고 다니엘라는 말했다. 그리고 만 명의 여성이 낙태로 인해 사망한 이 시기에 2만5000명 이상의 아이가 버려졌다. 단기간에 이렇게 많은 아이가 유기된, 지구상에 유일한 나라라고 그는 강조했다.

암흑의 시기를 넘어

다니엘라는 영어와 불어를 공부했고 교사가 되려고 하다가
통번역가가 되었다. 차우셰스쿠 정권에서는 국제 행사가 잦아
그만큼 기회가 많았기 때문이다. 그렇게 통역사로서 다른 나라의
문화를 접하면서 그는 여성 재생산권에 대해 의식을 갖고,
시민활동가가 되었다.

"1975년쯤에 차우셰스쿠가 북한에 갔었는데 김일성을 보고
감명을 받았다죠. 그러고 돌아온 뒤 이곳의 80년대가 굉장히
나빠졌어요."

눈이 휘둥그레질 얘기였다.

"뭐라고요? 북한이요?"

"네, 북한 같은 곳으로 만들겠다고 생각했던 거예요. 바로
이거다 싶었던 거죠."

포고령 770은 발표 이후 중간에 몇 차례 규제 기준이
강화되었는데 그 원인 가운데 차우셰스쿠가 북한을 벤치마킹하기로
결심한 것이 포함된다는 얘기다. 예컨대 이미 자녀가 4명 있는 경우
낙태를 허용했다면 이 기준이 5명까지 낳아야 낙태할 수 있는
것으로 수정되는 식이었다. 동유럽 독재정권의 이야기를 경청하는
와중에 김일성의 이름을 듣게 된 건 아무튼 황당한 일이었다.

그리고 1989년 12월 25일 독재자 차우셰스쿠가 총살되었다.
차우셰스쿠에 대한 국민들의 반발은 대단했고 그가 만든 모든
악법은 그의 사망과 동시에 사라졌다. 낙태 금지법은 차우셰스쿠

사망 다음 날인 26일에 바로 폐기되었다. 그렇게, 하루 만에 루마니아 여성은 낙태할 권리를 갖게 됐다.

"그 결과 1990년에 루마니아는 세계에서 낙태를 가장 많이 하는 나라가 됐어요. 거의 100만 건의 낙태가 있었죠. 독재자가 죽고, 무슨 일이 일어난 건지 파악이 잘 안 되다가 1월이 되자마자 여자들이 병원으로 들이닥쳤어요."

그전까지는 피임 또한 금지였고 관련 교육이 전무했기 때문에 갑자기 여성들이 피임을 알고 접근하기는 어려웠다. 그래서 수많은 여성이 낙태를 했다.

"당시 콘돔을 가질 수 있었던 건 스포츠 선수의 아내뿐이에요."

바로 이해하지 못하는 우리의 표정을 읽은 다니엘라가 덧붙였다.

"선수들은 외국에 나가서 경기를 하니까. 뮤지션이나 여행할 수 있는 사람들만 피임을 할 수 있었죠. 정치인의 아내도 가능했지. 나라를 많이 돌아다니고, 꼼수를 부릴 수 있었으니까요."

이런 혼란의 상황에서 루마니아 여성들을 구한 데는 외신의 역할이 컸다. 「ABC 뉴스」는 루마니아에 왜 이렇게 버려진 아이와 고아원이 많은지 파헤치는 다큐멘터리를 만들어 이 참상을 알렸다. 산모들에게 무슨 일이 일어났는지 질문을 던진 이 방송은 국제사회의 관심을 끌게 되었다. 국가가 피임과 낙태를 금지하고 아이가 없거나 적은 여성에게 벌금을 부과하며 출산을 강제한 결과, 원치 않지만 피할 수 없는 임신으로 너무나 많은 아이가

태어났다. 그리고 이 아이들은 방치되거나 버려졌다. 수많은
고아가 생기면서 급히 지어진 고아원들은 축사를 연상케 할 정도로
비인도적이며 비위생적이었다.

"이때 미국 정부에서 이걸 큰 문제라고 봤고, 이 아이들을
구하는 걸 굉장한 '사명'이라고 인식했어요. 그래서 루마니아에
미국의 비정부기구가 생겨났죠."

이때 통역사로 일했던 다니엘라는 미국에서 모성 병원과
고아원을 짓고 재정적·기술적 지원을 하는 프로젝트가 처음 생길
당시 투입되어 통역 일을 했다.

1989년 보건부에 있다가 차우셰스쿠의 죽음과 동시에
낙태법을 폐지했던 사람들이 이런 프로젝트의 인사로
투입되었다. 1993년에는 다른 NGO도 만들어졌으며 성교육이
시작됐다. 1994년 세계은행이 정부를 보조하기 시작했고,
유엔인구기금에서도 지원을 받으면서 루마니아의 41개 주 전체에
모성 병원이 세워졌다고 다니엘라는 당시를 설명했다.

"통역을 하느라 미국에 가면 콘돔, IUD(자궁 내 피임기구),
피임약을 가지고 들어왔는데, 그때 사람들은 미국이 이걸 왜
주는지도 이해하지 못했어요. 비영리라는 목적도 이해를 잘 못했고,
콘돔은 그렇다 치고 다른 건 대체 어디다 쓰는 거냐면서 혼란스러워
했죠."

다니엘라 자신은 이미 몇 번이고 이야기하고 생각하고
이해하여 마침내 극복한 듯 그 시기의 이야기를 매끄럽고 유쾌하게

들려주었지만, 그 생생함과 치열함은 듣는 우리를 숨 가쁘게 했다.
아무튼 그때로부터 차차 변화해 루마니아는 현재에 이른다. 20세기
이후와 현재의 운동에 대해 조금 더 듣기 전에, 숨을 돌릴 겸
음료를 한 잔씩 더 주문하기로 했다.

낙태는 괜찮지만 성교육은 안 된다?

다니엘라는 '우르수스'라는 맥주를 주문했다. 이 맥주 회사는
미성년자가 술을 마시지 않도록 하는 캠페인을 해서 마음에 든다고
말했다. 우리는 인터뷰에 집중한다며 한 번 사양했지만, 결국
다니엘라의 주문을 받고 뒤돌아서는 웨이터를 붙잡아 모두가 같은
맥주를 주문했다. 맥주 한 잔당 커다란 레몬 두 조각씩이 나왔다.
다니엘라는 웨이터에게 "아주 너그러우시다!"고 말하며 행복한 듯
레몬을 듬뿍 짜 넣었고, 우리도 웃으며 그대로 따라했다.

건배를 나눈 뒤 잠시 우리의 지난 여정에 대해 이야기했다.
네덜란드에서 레베카를 만난 이야기를 하니 다니엘라가 잠시
우리의 말을 멈췄다.

"레베카가 봄알람이 루마니아에 갈 테니 만나보라고
메일을 보냈더라고요. 그런데 카르멘이 또 제게 여러분 이야기를
하더라고요?"

다니엘라는 레베카의 집에서 있었던 저녁 식사 자리에서
레베카가 직접 소개 메일을 보내준 활동가 중 한 명이었다.

레몬 조각을 넣은 우르수스 맥주

그런데 알고 보니 카르멘은 이 사실을 모른 채로 우리가 궁금해한 '차우셰스쿠 정권 당시의 이야기'를 들려줄 수 있으리라 판단해 그를 부른 것이었다.

"나도 몰랐어요. 세상 좁다."

카르멘이 말하자 다니엘라는 능청스레 답했다.

"아니, 세상은 엄청나게 넓어요. 페미니스트가 너무 적어서 다 만나는 거지요."

유럽에 온 뒤 우리는 멋진 활동가들을 만났다. 그리고

그들은 우리의 서툰 호기심을 경청하고 자신의 이야기를 기꺼이
들려주고, 서로 다른 도움을 줄 만한 다른 사람들을 기쁜 마음으로
연결시켜주었다. 우리는 그 호의를 직접 목격하고 도움을 받으며
여행을 계속하고 있었고 그 뜨끈하고 끈끈한 연대감은 유럽에서
겪은 어떤 순간보다도 잊기 힘든 체험이리라 생각한다. 레몬 향으로
풍성한 맥주로 마른 목을 축이며 한숨 돌린 뒤 다시 우리의 질문을
이어갔다.

1990년 이후에 대해 물었다. 차우셰스쿠와 함께 낙태 금지가
어쩌면 손쉽게 사라졌는데, 그 이후 재생산권에 대한 인식 변화와
현주소가 궁금했다. 다니엘라는 합법화 이후에도 일부 정치가들
사이에서 불법화의 시도가 있었다고 말해주었다. 하지만 대중적
반대로 무산되었다.

"우리는 과거가 하도 끔찍해서, 낙태를 불법화하려는 걸
사회가 내버려두지 않아요."

카르멘이 말했다. 낙태 자체가 나쁜 게 아니라 불법적으로
이루어지는 낙태가 나쁜 것임을 루마니아는 역사로 알고 있는
것이다. 그밖에는 성교육을 금지하려는 시도가 있다고 했다.
아이들의 순수함을 지켜야 한다는 근거였다. 이것도 법이
통과되지는 않았지만, 성교육을 반대하는 목소리는 강했다.

"종교인으로 이루어진 부모 단체 같은 곳 300개 이상이
성교육에 반대했는데 우리가 거기에 맞서 68개 정도의 연서명을
받았지만 턱없이 부족했어요. 하도 반대를 하니까 1994년에

'가족생활 기술 교육'이라고 이름을 붙여서 성교육을 했죠."

일부러 포괄적인 명칭으로 반대자들의 '거부감'을 줄이는
전략을 취한 것이다. 성교육을 의무이자 권리로서 정착시키는 것이
루마니아의 페미니즘 활동가들이 현재 중점을 둔 사안이다. 현재
낙태권과 관련해 싸우는 이슈가 있는지 물으니, 카르멘의 대답은
'노'였다.

"피임의 권리에 대해 싸워야 해요. 예방과 교육을 위해서요."

다니엘라도 예방이 우선이라며 동의했다. 현재 루마니아는
낙태권을 가지고 있지만, 그 이전에 피임을 해야 한다는 인식과
교육이 턱없이 부족하다. 낙태가 피임의 방법이 되어선 안 된다고
카르멘은 말했다. 앞서 들었던 루마니아의 특수한 역사를 상기하며
우리는 고개를 끄덕였다.

성교육을 받는 것은 권리다. 이 권리가 위협받는다면 이는
낙태로 이어진다. 카르멘은 학교에서 성교육을 거의 받지 못했다고
한다. 임신이 어떻게 되는지조차 배우지 않았다. 운 좋게 그의
어머니가 간호사였기 때문에 섹스나 임신 등에 대해서 겨우
배웠지만, 루마니아에서는 임신을 해도 임신한 줄 모르는 소녀들이
많다고 한다. 임신임을 알게 되었을 때 어떻게 해야 하는지를
모르는 것은 물론이다. 이 정도로 정보와 지식이 없으면, 몸에 무슨
일이 일어났을 때 어디에 어떻게 접근하고 결정해야 하는지 알 수
없다. 낙태 방법이 여러 가지라는 것조차 잘 알려져 있지 않다.

"사회는 여성의 몸, 여성의 삶, 여성의 권리에 관심이 없어요."

카르멘이 말했다.

루마니아는 지독한 과거를 딛고 낙태권을 갖게 되었지만 성교육에 대한 부정적 인식이 강력하다. 낙태는 불법이지만 성교육이 죄악은 아닌 한국과는 다소 엇갈린 현재를 살고 있는 이곳의 페미니즘 운동은 어쨌든 우리와 다르게 또한 동시에 지난한 투쟁을 이어가고 있다.

"성교육을 정착시키는 것. 그게 지금의 주력 이슈예요."

카르멘이 다시 강조했다.

현재 루마니아에서 이루어지는 낙태는 여전히 수술 낙태가 대부분이다. 약물로 낙태가 가능하다는 점이 잘 알려져 있지 않기도 하고, 비용이 비싸서 접근성이 낮다고 한다. 영화 「4개월, 3주... 그리고 2일」에서 낙태 비용이 3000레이로 나왔었는데 그게 요즘으로 치면 얼마인지 물었다.

"큰돈이죠. 인플레이션이 있어서 정확히 비교하기는 어려운데 지금 대략 한 달 월급이 운이 좋다면 1000레이쯤 될 거예요. 그럼 세 달 치 월급인 셈인데, 남자들이 돈을 벌고 여자들은 돈이 없으니까 가족이 먹고 사는 월급 서너 달 분이라고 생각하면 될 거예요."

얘기가 나온 김에 영화에서 충격적이었던 장면에 대해서도 물었다. 불법 낙태 시술을 하러 온 남성이 가비타와 오틸리아를 강간하는 장면에 대해서다. 다니엘라는 망설임 없이 "그 장면은 실화다"라고 말했다. 낙태를 하고자 하는 여성은 켕기는 게 있으니

강간을 당해도 절대 발설하지 못한다. 또 다니엘라는 "이미 임신한 여성이라 임신시킬 위험이 없으니 이용하는 것"이라고 설명했다. 영화를 보면서도 다들 특히 고통스러워했던 장면이지만, 이야기를 들으니 더욱 목이 메어왔다. 여성은 임신, 낙태, 신체를 인질로 얼마나 다양한 위협을 겪어왔고, 겪고 있는가. 미처 다 상상할 수도 알 수도 없는 수모가 이 세상에 얼마나 많은가를 상상하며 고개를 떨구었다.

연대가 열쇠다

생각보다 이야기가 길어지면서, 카르멘은 다음 일정이 있어 먼저 자리에서 일어났다. 우리가 인터뷰 후 루마니아 전통 음식을 먹으려 한다고 말하자 그는 근방 최고의 식당이라는 곳에 예약 전화를 걸어주었다. 그리고 계산서를 들고 일어섰다. 한사코 사양하는 우리에게 "루마니아에선 이렇게 한다"며 대접하게 해달라고 말했다.

카르멘이 떠난 후 우리는 다니엘라에게 재생산권이 여성의 인권에 왜 중요한지, 활동가로서 다니엘라의 생각을 물었다. 그의 대답은 첫마디부터 아주 명료했다.

"우리는 모든 걱정으로부터 자유로워져야 해요. 일단 즐겁고 안전한 섹스를 할 수 있어야 하죠."

그것을 얻어야 또 다른 이슈를 위해 싸울 수가 있고, 또 그다음

것을 얻을 수 있다고 말하며 그는 다시 강조했다.

"재생산권과 성적 권리는 여성과 남성 모두에게 토대이자 최우선 순위입니다."

다니엘라와도 헤어질 시간이 되어, 우리는 뱃속에서 우러나온 마지막 질문을 던졌다. 어떻게 그렇게 오랜 시간 동안 지치지 않고 페미니즘 활동을 해올 수 있었는지. 누구라도 그의 말, 행동, 분위기를 보면 그것이 진심으로 궁금해질 거라고 생각한다. 그리고 우리의 진심 어린 의문을 다시금 무장 해제시키는 웃음으로 그는 쾌활하게 답했다.

"시작했는데, 어떻게 멈출 수 있겠어요?"

해결해야 할 문제는 우리를 기다려주지 않는다. 이어서 그는 말했다.

"젊은 페미니스트들은 나처럼 이렇게 직설적으로 말하기 어려운 상황이니, 그들 곁에서 겁을 덜어주고 옆에 함께 서는 겁니다. 나이 든다는 건 좋은 거예요."

그건 책임감인가, 라고 묻자 그는 큰 소리로 웃었다.

"책임이라니요? 즐거워서 하는걸요! 하루에 페미니스트 그룹을 두 팀이나 만나 인터뷰하는 걸 보세요!"

그는 현재의 활동에서 기쁨을 얻고 있다.

"나는 아주 기뻐요. 다른 페미니스트를 볼 때 말이에요. 나는 매일 매일을 내 자유를 얻기 위해 살아왔어요. 게으를 수가 없었어요. 공산주의가 끔찍했거든요. 그러니 거기서 탈출하기

위해서라면 뭐든 했어요. 영어를 배우고 삶에 대해 뭔가를 더
해보기 위해 살았지요. 공산주의고 신공산주의고 자유로운 사고를
가두는 이데올로기에 저항했어요. 여성에게 자유와 힘을 주는 일이
나를 살아가게 해줍니다."

　우리가 페미니즘 관련 활동으로 모이게 된 것은 2016년 강남역
여성 살해 사건이 계기다. 이 일로 여성이 이 사회에서 받는 대우와
처한 현실을 처절하게 깨닫고 언어화하며 큰 절망감을 경험했고,
그걸 견디지 못해 이 상황을 조금이라도 바꾸고자 행동을 시작했다.
살기 위한 필사적 몸부림이었다. 그 뒤로 활동을 이어오면서,
사실 기쁘고 즐거운 적보다 힘이 빠질 때가 많았다고 생각했다.
하지만 다른 페미니스트를 보며 행복감을 느끼는 다니엘라의 말이
무슨 의미인지 분명히 알 수 있었고, 그 에너지와 행복감은 크게
전해졌다.

　가게를 나오자, 분명히 환한 대낮에 만났는데 어느새 하늘이
깜깜해져 있었다. 카페 밖으로 나와서도 대화가 좀처럼 멈추지
않아 또 한참을 문 앞에서 함께 서 있었다. 다니엘라는 마지막으로
우리가 다음에 갈 폴란드에서 만날 만한 사람들의 연락처를
알려주고, 작별 인사를 했다.

　"연대가 핵심이에요. 이게 내 마지막 메시지입니다."

최고의 식사와 멍청이들

멋진 두 사람과의 만남, 기대 이상의 인터뷰와 가슴을 치는 이야기들. 다니엘라와 헤어진 뒤 우리에게 부족한 것은 음식뿐이었다. 루마니아에 도착한 날, 택시 기사님과 숙소 호스트에게 식당 추천을 부탁했을 때 두 사람은 입을 맞춘 듯 '카루쿠베레'라고 말했다.

"근데 어떻게 맛집이 하나지?"

"……불안한데."

"그러니까. 의심스러워. 별로 좋은 현상 같지 않아."

루마니아에 대해 인사 세 마디밖에 몰랐던 주제에, 우리는 그 식당이 정말 그렇게 대단한 곳인지 아니면 맛있는 식당이 없는 건 아닌지 의심했음을 고백한다. 마침내 카르멘에게 저녁에 카루쿠베레에 가려 한다고 말했을 때, "그러면 루마니아 다 봤네요"라는 그의 대답을 듣고서야 순순히 의심보다 기대를 크게 가질 수 있었다.

숙소에서 걸어서 20분 정도 되는 거리였다. 지도 보는 눈이 밝아 주로 내비게이션 역할을 하는 두루가 앞서 걷고, 애매하게 길눈이 밝고 애매하게 주변을 많이 구경하는 유니가 그다음으로, 두리번두리번 구경하느라 느린 민경과 사진을 많이 찍느라 느린 혜윤이 저 뒤에서 따라왔다. 9시 반 즈음 카루쿠베레에 도착했다. 매우 오래된 성당처럼 생긴 고풍스러운 외관과 장식적인 내부를 가진, 기대를 훨씬 뛰어넘는 환상적인 분위기였다. 알고 보니 무려

가장 끔찍한 국가주의 인구 정책의 역사를 넘어

1879년부터 운영된 식당이자 명소로, 지금의 건물은 1899년에 고딕 양식으로 지은 것이라고 한다.

자리가 나기를 기다리는 동안, 홀 가운데서 두 쌍의 여자와 남자가 댄스스포츠와 비슷한 춤 공연을 했다. 음악이 시작되자 여자 무용수들은 가운을 벗고 화려한 술이 달린 핫핑크색 미니 드레스 차림을 드러내며 몸을 움직였다. 남자 무용수들은 등장할 때의 차림 그대로인 채 진중한 표정을 유지했지만 여자 무용수들은 그냥 봐도 더 복잡하고 화려한 안무를 완벽하게 소화하며 환한 웃음까지 짓고 있었다. 이미 익숙한 광경일 텐데도, 거기에 심통이 난 유니는 "남자도 공평하게 옷 벗어!"라고 외쳤다. 그곳에 다른 한국인이 있지 않았다면, 아마 다른 사람들은 조금 긴 '브라보!' 정도로 알아들었을 것이다.

그리고, 요리는 드라마틱한 맛이었다. 루마니아에 간다면 카루쿠베레를 기억하시기를. 그리고 이제 우리는 다음 행선지로 떠난다. 루마니아에서의 마지막 밤, 숙소에 둘러앉아 술을 마시며 다니엘라가 추천해준 다큐멘터리[7]를 보았다. 서서히 취해가는 채였지만 나름 진지하게 낙태권에 대한 이야기를 나누던 도중, 카르멘과 다니엘라와 했던 대화가 떠올랐다.

"여기서 폴란드로 기차를 타고 간다고요?"

"네, 그러려고 했는데 왜요? 기차로 못 가게 되어 있나요?"

"못 가는 건 아니지만……, 힘들지 않겠어요?"

"괜찮아요, 저희는!"

우리가 다음 행선지는 폴란드이고 항공료를 아끼기 위해
기차로 이동할 계획이라고 말했을 때 카르멘과 다니엘라가
놀랐던 이유를, 그때까지도 몰랐었다. 파리에서 암스테르담으로,
암스테르담에서 브뤼셀로 이동했을 때도 기차를 탔으니 별문제
없겠거니, 아니, 사실은 우리 넷 모두 우리 중 누군가가 이미 경로를
알아놨겠거니 여기고 있었던 게 문제였다.

술기운을 더해 한층 느긋한 마음으로 "이제 슬슬 내일
어떻게 가야 되는지 정확히 알아보자"며 검색을 해보고 나서야,
부쿠레슈티에서 바르샤바까지 기차로 30시간이 걸린다는 사실을
알았다. 급하게 비행기 표를 샀다. 그래도 취해서 여권 번호를
잘못 입력하는 실수만은 하지 말자며 그때까지 술자리에 남아
있던 셋이서 3중 체크를 했다. 다음날 아침, 또 가격을 따지다 보니
이른 비행기라 수면부족과 숙취를 안고 후다닥 짐을 싸 공항으로
향했다. "우리 정말 이렇게 살지 말자"라고 부르짖으며.

여권 번호율을 두 번 세 번 확인했다.

가장 끔찍한 국가주의 인구 정책의 역사를 넘어

5장
폴란드
Poland

검은 시위 당일,
거리는 처음으로
여성들의 것이었다

수도	바르샤바(Warsaw)
낙태 허용	강간 및 근친상간에 의한 임신, 태아에 심각한 장애가 있거나 임신 지속이 모체의 생명을 위협하는 경우
낙태 처벌	여성이 아닌 의료인에게 최대 3년까지 징역형
합법화 시기	✕
특이사항	2016년 검은 시위에 10만 명 이상 결집

폴란드로

다음으로 향한 곳은 폴란드의 수도 바르샤바다. 급하게 산 비행기 표는 터키 항공으로, 이스탄불을 경유했다. 비가 많이 오고 스산했던 루마니아를 떠나 잠시 스치듯 맛본 이스탄불의 따스한 기온이 기억에 남는다. 바르샤바에 내리자마자 이번에는 눈을 만나야 했지만. 바르샤바 국제공항 이름은 쇼팽이었다. 폴란드를 목적지 중 한 곳으로 정하고 조사를 준비하면서 우리끼리 "폴란드에 대해선 진짜 아는 게 없다" "나도 쇼팽밖에 몰라" 같은 얼빠진 대화를 했었는데 쇼팽이 폴란드 대표 유명인(?)인 건 일단 사실이었나 보다.

　　루마니아에서 만난 다니엘라는 우리의 다음 목적지가 폴란드라는 걸 듣고는 바로 끄덕이며 말했다. "현재 유럽에서 낙태권이 가장 절망적 상황에 있는 나라"라고. 아일랜드가 있지 않느냐고 물으니, 아일랜드는 현재 나아지는 중이지만 폴란드는 퇴행과 싸우는 중이니까, 라는 대답이었다. 우리는 곧장 납득했다. 폴란드는 과거 공산 정권 때 낙태가 전면 합법이었다가 불법화가 된 역사가 있으며, 2016년에는 현행 낙태 금지법이 예외로 두는 강간이나 근친상간에 의한 임신 중단까지 처벌하겠다는 '낙태 전면 금지 법안'을 발표해 완전한 퇴행의 목전까지 갔었다. 이때 전국의 여성이 공분하며 거리로 나왔고 이 대규모의 전국 시위로 전면 금지 법안을 막아내는 결과를 거머쥐었다. '검은 시위' 또는 '검은 월요일'이라 불리며 전 세계에 알려진 이 시위는 여성의 재생산권을 위한 투쟁에서 성공의 상징이 됐고 한국의 검은 시위로도 이어졌다. 폴란드를 목적지로 결정한 이유도 이 2016년 검은 시위에 관한 이야기를 듣기 위해서였다. 전국에서 10만 명 이상의 여성의 일터에 가지 않고 거리로 나왔다. 불과 재작년의 이야기다. 미리 인터뷰 약속을 잡은 단체는 이 시위를 주도적으로 이끌었던 폴란드의 좌파 정당 라젬(Razem)이다.

유럽에서 낙태권 상황이 가장 나쁜 나라

폴란드의 임신 중단 규제 현행법은 한국과 유사하다. 강간이나 근친상간에 의한 임신인 경우, 태아에게 심각한 장애가 있는 경우, 임신한 여성의 목숨이 위협받는 경우를 제외하면 낙태는 불법이다. 그러나 우선 한국과 다른 점은 폴란드 낙태 규제 법률의 근간에는 엄격한 가톨릭 이념이 있다는 것이다. 폴란드의 보수 세력과 가톨릭교회는 정치적 이해관계로 엮여 있다. 국민의 90~95퍼센트가 가톨릭을 믿고 있으며 때문에 낙태를 살해 혹은 죄악으로 보는 인식이 좀 더 뚜렷하게 실재한다. 여기서 기인하는 중요한 차이는 법에서 낙태를 허용하는 기준을 충족한다 해도 합법적 낙태 시술을 받기가 어렵다는 점이다. 의사들이 소위 '양심적 시술 거부'를 하기 때문이다. 현행법이 시행된 이후 폴란드에서 연간 이루어진 낙태 시술 건수는 공식 집계상 1000건을 넘지 않는다. 한국에서 일어나는 연간 낙태 시술 건수가 공식

집계상 수십만 건, 의료계 통계상 백수십만 건인 것을 생각하면
대단한 차이다.(폴란드 인구는 한국의 약 74퍼센트다.) 합법이었던
낙태가 불법화된 1993년 이전에는 폴란드에서도 연간 50만 건의
낙태가 이루어졌다는 사실을 참고하면 이 차이는 더욱 놀랍다.
불법화 이전에 낙태를 했던 49만9000명의 여성은 어디로 갔을까?

　한국의 통계에서도 보건복지부 조사와 의료계에서 내놓은
수치에 차이가 있듯, 폴란드에서도 물론 집계되지 않은 시술이
상당할 것이다. 법이 어떻건 여건이 아무리 열악하건, 낙태를
해야만 하는 사람들은 낙태를 한다. 해야만 하기 때문이다.
법과 이념과 양심이 견고하다 해도 수요가 있으면 공급이 있다.
폴란드에서 블랙마켓을 찾는 것은 결코 어렵지 않다. 현행의 낙태
금지법이 발효된 이후 신문에서는 다음과 같은 광고를 볼 수
있었다. "산부인과의사의 중재" "월경 주기를 되찾아드립니다"
"산부인과 풀 서비스" 이 같은 문구와 함께 전화번호가 적혀 있다.

　또 한국과 폴란드의 낙태 관련법에서 눈에 띄는 차이는
처벌 관련 조항이다. 한국은 현행법상 불법적 낙태를 한 여성과
의료 행위 제공자를 모두 처벌한다. 한편 폴란드에서는 낙태
시술을 받은 여성은 법적 처벌 대상이 아니다. 오직 의료 행위를
제공하거나 낙태를 도운 이만이 처벌 대상이며, 이들은 신고를
받으면 구금되거나 의사의 경우 면허가 일정 기간 정지될 수
있다. 처음 '피시술 당사자 여성을 처벌하지 않는다'는 사실을
알았을 때는 꽤 충격적이었다. 한국에서 낙태죄를 논할 때에 낙태

합법화를 반대하는 이들의 논리에서 낙태라는 (몹쓸) 행위를
한 여성을 단죄해야 한다는 인식이 강하다고 느끼기 때문이다.
찾아보니 낙태를 처벌하는 나라들 가운데 낙태한 여성에게는
죄를 묻지 않는 나라는 더 있었다. 물론 낙태를 법으로 규제하는
것 자체가 여성의 신체 결정권에 대한 단죄이고 처벌이긴 하지만,
궁금했다. 무엇이 이런 차이를 만들어내는 것일까.

검은 시위

폴란드의 검은 시위는 2015년 집권한 극우 정당 법과정의당이
그 이듬해 발의한 '낙태 전면 금지화' 법안에 반대하여 일어났다.
낙태 전면 금지 법안은 낙태 허용 예외 조항마저 없애고, 이를
어길 경우 최대 징역 5년형에까지 처하겠다는 내용이었다. 45만
명의 낙태 반대자들의 서명과 함께 발표된 이 법안은 집권당이자
의회 다수당인 법과정의당이 강행할 경우 그대로 통과될 수 있는
상황이었다. 그런데 누구도 예상하지 못했던 일이 일어났다.
143개 도시에서 10만 명이 넘는 여성이 법안에 반대하며 직장과
학교에 가지 않고 거리로 나왔고, 그밖에도 수천 명이 검은 옷을
입고 회사에 갔다. 검은 시위는 '검은 월요일'이라 불린 이 10월
3일 하루로 끝나지 않고 각 지역에서 2주 가까이 지속됐다. 특정
단체나 어떤 대표가 지휘하고 계획한 게 아닌 자생적인 시위가 나라
전역에서 다양한 형태로 일어난 것이다.

검은 월요일의 시위를 조직했던 활동가들조차 시위 바로
전날까지 실제로 법안을 막아낼 수 있을지에 대해 회의적이었다고
한다. 그러나 이들은 성공했다. 검은 월요일, 수도 바르샤바에서만
60건 이상의 행사가 산발적으로 기획, 진행되었고 시위가 정점에
이른 시점에 도시 중앙에서 함께한 인원만 3만 명을 넘었다.
그리고 그 이틀 뒤 금지 법안은 철회됐다. 여성들의 전례 없는
분노와 그것이 만들어낸 행동에 다수 여당은 분명 겁을 먹었다.
야로슬라프 고빈 폴란드 부총리는 "이번 시위는 우리에게 겸손함을
깨우쳐주는 계기가 됐다"고 말했다.

폴란드의 여성들에게 이는 분명 커다란 승리의 경험이었을
것이다. 권위적이고 보수적인 정책을 펼쳐왔음에도 50퍼센트
이상의 지지율을 유지했던 법과정의당의, 집권 이후 첫 패배였다.
1989년 공산당이 무너진 이래 폴란드에서는 정치적 보수파와
가톨릭교회가 끈끈한 관계를 유지하며 강력한 영향력을
행사해왔다. 낙태 불법화도 그런 보수화 정책 중 하나였고
보수파의 독주는 거칠 게 없었다. 이런 상황에서 극우 집권당이
여성들의 시위에 처음으로 물러섰다. 이것만으로도 검은 시위는 큰
변화의 가능성을 낳았다. 그러나 사실 2016년의 승리는 '낙태 전면
금지'를 막아냈을 뿐 권리를 확대하는 싸움은 아니었다. 여전히
폴란드는 유럽 내에서 가장 엄격한 낙태법을 가진 나라 중 하나고,
여전히 '전면 금지화'를 밀어붙이는 우익 정치세력과 첨예한 싸움이
진행 중이다.

라쳄을 만나러 가는 길

소복이 쌓인 눈 위에 '낙태 합법화(Legalize Abortion)'라는 메시지를 적었다.

라젬과의 만남

바르샤바의 도로는 넓고 깨끗했다. 눈 쌓인 바르샤바에 도착한 이튿날, 전날 숙소에 사다놓은 식량으로 간단히 끼니를 때우며 중점적으로 질문할 부분을 점검한 뒤 약속한 시간에 맞춰 라젬 사무소로 향했다. 인터뷰에 응해준 활동가는 미리 이메일로 컨택할 때 소개받았던 국제협력 담당자 우르술라와 아그니슈카였다. 아그니슈카는 한국에 와본 적도 있고, 현재 한국인 보스 밑에서 일하고 있다며 우리에게 친근감을 표했다.

"난 이런 거 진짜 못해. 절대 한국의 주부는 될 수 없을 거예요."

쟁반에 내어 온 네 잔의 커피를 테이블에 놓으며 우르술라가 말했다. 우리는 제각각으로 생긴 잔에 제각각의 용량으로 담긴 커피를 한 잔씩 집어 들며 웃었고, 바로 인터뷰를 시작했다.

첫 질문은 검은 시위 이후 현재, 낙태권 문제가 폴란드에서 어떤 상황에 있는지였다.

"명백히, 지금의 주요 사안이에요."

검은 시위 이후 1년 이상이 지났지만 폴란드는 여전히 낙태권을 두고 싸우고 있다. 혹은 이제야 그 싸움이 가능해진 상황이라고도 볼 수 있었다. 검은 시위 이전까지는 낙태가 불법인 폴란드의 현실과 여성의 낙태권 문제가 이슈조차 되지 못했다. 수년 전부터 안티초이스의 움직임이 강해졌고 그것이 결국 검은 시위를 촉발한 전면 금지법의 발의를 낳았음에도, 이전까지 낙태권은 폴란드

사회에서 오랫동안 공백이었던 주제다.

"검은 시위를 계기로 겨우 이게 정치적 의제가 됐어요. 지금까지 정치에서 낙태나 여성 인권은 늘 뒷전이었죠. 민주화가 완성되면 얘기하자, 경제가 더 좋아지면 얘기하자는 식으로요. 하지만 이제 낙태는 분명히 메이저 이슈예요."

전면 금지 법안 발표와 그 법안이 내포한 끔찍한 통제에 들불처럼 일어났던 여성들은 이제 그저 기다려서는 아무것도 이룰 수 없다는 것, 가만히 있으면 자신의 권리는 점점 더 위협당할 뿐임을 경험으로 첨예하게 인지하고 있다. 검은 시위 이전까지 재생산권이나 모성, 양육 등 여성의 삶에 직접적 영향을 미치는 주제들은 계속 진퇴를 반복할 뿐이었다. 그러나 지금은 분명히 공공에서 이야기되고 있으며 나아져야 한다는, 낮게 만들어야 한다는 공유된 열망이 있다.

"소위 '여성의 주제'들에 대한 논의가 커졌어요. 보육이나 교육을 포함해서요."

우르술라는 검은 시위 이후 느껴지는 이 변화가 아주 기쁘다고 말했다. 그렇다 해도, 여전히 폴란드는 극우 정당과 가톨릭의 나라다. 우파가 의회에서 힘을 얻으면 언제든 다시 전면 금지를 밀어붙일 수 있기에 이들은 정치적 싸움을 계속 이어나가는 중이다.

공포의 연대

인터뷰를 준비하며 검은 시위에 대해 읽을수록 이만한 규모가 어떻게 가능했는지 그리고 동시대의 역사적 장면인 이 경험이 겪은 이들에게 어떤 느낌이었을지가 궁금했다. 한국에서도 작년 낙태법 폐지 청원이 23만여 건의 찬성을 기록하며 정부의 답을 이끌어냈지만 전국적 이슈가 되고 지속적인 운동으로 이어질 만한 문제의식을 퍼뜨리기까지 가닿지는 못했다. 폴란드의 완고하고 권위적인, 지지 기반도 견고한 집권당에게 결정을 번복하게 만들 만큼의 대중적 분노가 만들어지기 위한 충분조건은 무엇일까.

프랑스에서 낙태 합법화에 성공한 1970년대 대규모 시위 조직을 가능케 한 이슈 파이팅 비결을 물었을 때 마르틴은 "위험한 불법 낙태 수술 중에 죽은 여성의 이야기와 같은, 드라마를 전략적으로 사용해야 한다"고 말했었다. 즉 우리의 강남역 사건

같은 것이다. 즉각적인 동일시를 이끌어낼 수 있는, 애써 못 본 척 눈감아온 열악한 우리의 권리가 당장 나 자신을 죽일 수도 있다는 공감대 혹은 공포를 이끌어내는 것. 같은 질문에 대해 우르술라 역시 공포와 공감대를 이야기했다. 보수 집권당의 전면 금지 법안이 발표되자마자 수많은 여성이 두려움을 느꼈다고 한다.

"유산으로도 감옥에 갈 수 있다는 것, 여동생이 범죄를 당해 임신을 했는데 의사들이 그를 돕지 않으리라는 것, 여성들이 건강하지 못한 태아를 가져서 죽을 수도 있을 때 의사는 여성을 돕지 않으리라는 걸 안 거예요. 여성 자신의 몸에 무슨 일이 일어나든 국가가 여성 시민의 편이 되기는커녕 현실과 괴리된 명분을 위해 그저 통제하고 처벌하리라는 데서 공포를 느낀 거죠."

국가와 사회가 여성이 아니라 태아를 도우리라는 공포. 수많은 폴란드 여성은 낙태 전면 금지 법안에서 그것을 읽어내고, "목숨에 대한 위협"을 느꼈다.

"검은 시위에서는 두 그룹이 만났어요. 법을 바꾸고자 하는, 즉 궁극적으로는 낙태를 합법화해야 한다고 믿는 페미니스트 그룹 그리고 현행법을 유지하고자 하는 여성들 그룹이죠."

시위가 그 정도로 커질 수 있었던 것도 '어쨌든 낙태는 죄다'라고 믿는, 비교적 보수적인 믿음을 가진 여성들까지 함께했기 때문이다. 전면 금지 법안은 "여성이 아무 잘못을 하지 않아도 감옥에 가거나 죽을 수 있다"는 공포로 낙태에 대해 다른 관점을 가진 여성들을 결속시켰다. 이런 공포와 분노 속에 만들어진

공감대가 있었고, 이후 조직화가 이루어졌다. 라젬의 아이디어로
시작된 해시태그 운동은 공간적 제약을 넘어 일파만파로
퍼져나갔고 이 이슈를 계속해 끌어올리는 데 톡톡한 역할을 했다.

"우리가 검은 시위를 준비하는 동안 어떤 이들은 인터넷 버전
검은 시위를 기획했죠. 해시태그를 달고 검은 옷을 입은 사진을
릴레이로 게시하는 식으로요. 초반에 메인 심볼은 옷걸이였어요.
과거 여성들이 자가 낙태에 사용했던 도구지요."

이런 움직임들이 퍼져나가는 속도를 보면서 법안에 대한
대중의 분노가 크다는 걸 점차 실감할 수 있었다고 우르술라는
말했다.

"예컨대 50명쯤을 예상하고 관련 행사를 열면 200명쯤이
왔어요. 이게 큰일이구나를 계속 느낄 수 있었죠."

상징이 된 옷걸이를 장관들한테 보내기도 했다. 당신들이
이 금지법을 강행하면 우리는 이걸로 낙태를 한다는 메시지를
전달한 것이다. 그밖에도 좀 더 직접적으로, 이 법안에 찬성한
정치인 리스트를 만들어 계속 읽기도 했다. 국제사회의 호응까지
얹어지면서 운동은 점차 힘을 얻었고 전국적인 파업 주도까지 갈 수
있었다.

인터뷰어가 울어도 돼요?

"검은 월요일 당일에 대한 기억과 느낌이 궁금해요."

가장 묻고 싶었던 질문을 던졌다. 아그니슈카는 그의 한 지인이 그날 거리로 나섰다는 사실이 개인적으로 충격이었다고 말했다. 그는 공장 사무소에서 일하는데 함께 다니는 친구가 시위에 참여했다는 걸 알게 되었다. 아그니슈카 본인은 이전까지 다른 시위에도 참여하고 페미니즘적 활동도 해왔지만, 그 친구는 전혀 그렇지 않았었다.

"오히려 시위대를 두려워하는 사람이었는데 말예요. 결국 그날 20만 명이 거리에 나온 걸로 밝혀졌죠. 내 친구와 마찬가지로 다들 이게 누구에게나 일어날 수 있는 일이라는, 똑같은 생각으로 거리에 나섰다는 걸 실감했어요."

우르술라도 한층 진지해진 얼굴로, 그 월요일의 기억에 대해 이야기했다.

"그건 정말 임파워링의 순간이었어요. 언제나 여성은 상냥하게, 부끄러워하며, 공간을 많이 차지하지 말 것, 먼저 말하지 말 것, 끼어들지 말 것을 요구받지요. 특히 남자가 말할 때요. 그런데 내 인생에서 처음으로 이날 바르샤바는 여성들의 것이었어요."

그들은 모두 분노하고 있었고, 그 어디에도 가지 않았다. 우르술라가 트램 안에서 만난 한 여성은 시위 포스터를 들고 있었다. 누군가 그를 공격하거나 시비를 걸 수 있단 걸 알았을 텐데, 그의 표정은 이렇게 말하고 있는 듯했다고 한다. "꺼져, 시비 걸면

죽여버릴 거니까."

"도시 중심에 가까워지자 그런 여성이 점점 더 많이 보이는
거예요. 그날은 정말로 여성들이 그곳에 그냥, 아무데도 가지 않고,
전혀 위축되지도 염려하지도 않고 그렇게 있었어요."

그리고 그 광경이 평소와 얼마나 다른지를 우르술라는
깨달았다. 평소 어딜 가든 여자들은 구석에 얌전히 앉아서, 전 아무
짓도 하지 않을 거랍니다, 하는 태도였다. 하지만 그날은 완전히
달랐다. 아마 모든 여성에게 기억에 남는 장면이었을 거라고 그는
말했다.

"우리는 두렵지 않다, 혼자가 아니다. 그날 우리는 그저
그 공간을 주장했어요. 바르샤바에서 자리를 차지하고 권리를
주장하는 여성들의 모습. 내게는 그게 강력했습니다."

마디마디 힘주어 말하는 우르술라의 목소리는 조금 떨렸다.
그가 전해주는 검은 월요일 당일의 바르샤바를 상상하며, 그리고
그의 어조에 우리는 울컥했고 넷 중 세 명이 눈물을 찍어냈다.
국가의 폭력 앞에서 여성들은 들고 일어났고, 서로를 보고 힘을
얻으며 혼자가 아님을 확신했다. 이 경험은 폴란드 여성들 그리고
활동가들에게 선명한 자산으로 남았음을 실감할 수 있었다.

우리는 분노한다

폴란드는 과거 낙태가 합법이었다가 불법화된 나라다. 이는 불과 20년도 안 된 가까운 과거의 일로, 현재의 활동가들이 이 전환의 시기를 실제로 살았으며 기억하고 있다. 그들의 어머니 세대는 더할 것이다. 폴란드의 가임기 여성들은 '낙태가 불법'이라는 상황 자체를 이해하지 못하는 어머니 세대와 함께 낙태를 죄악시하는 새로운 사회적 분위기를 살아가고 있다.

1956년까지 불법이었던 낙태가 한 번 합법화가 되었던 것은, 여성들이 불법 낙태로 너무 많이 죽거나 심하게 다쳤기 때문이다. 한해에 6만 명의 여성이 불법 낙태 때문에 죽었다. 제2차 세계대전 직후였고 나라가 완전히 파괴된 상황이어서 국가는 여성들이 필요했다. 인구가 필요했고, 이 여성들이 일을 해야만 했기에 그해에 낙태를 허용하는 법이 통과됐으며 1993년까지 합법이었다. 우르술라의 할머니와 어머니는 대놓고 그와 그의 조카들에게 "안됐다"고 말한다고 한다.

이 "안됐다"는 말을 듣는 현재의 가임기 여성 세대가 맞닥뜨린 문제는 여기서 그치지 않는다. 한때 낙태를 하려는 주변국 여성들이 찾아오곤 하는 나라였던 폴란드는 이제 낙태가 불법이다. 그리고 공산 정권 몰락 이후 가톨릭 이념이 정치적으로 채택되면서 일어난 변화인 만큼 불법화와 함께 낙태라는 행위 자체가 적극적으로 터부시, 죄악시되기 시작했다. 가능했던 것이 불가능한 일이 되고 죄가 아니었던 일이 끔찍한 죄악이 되는 이런 변화를 목도한 이들이 이번에는 전면 금지화와 싸우고 있다. 이러한 현실을 겪는 기분을 상상하기조차 어렵다. "어떤 느낌이냐"는 우문을 던지자 우르술라는 짧게 숨을 들이마신 뒤 대답했다.

"분노. 분노다."

한번 얻은 권리, 한번 진보한 사회 인식은 쉽사리 퇴보할 수 없다는 말들을 많이 들어왔다. 인간은 어떻게든 진화하고, 일단 알을 깨고 나오면 이전으로 돌아갈 수 없다는 그런 말들. 하지만 이번 여행에서 보아온 세계의 현실은 이와 많이 달랐다. 얻어낸 권리는 언제든지 다른 이해관계에 따라 박탈될 수 있고, 우리가 사는 세상은 아주 쉽게 더 나빠질 수 있다. 루마니아에서도 보지 않았던가. 세계는 누군가에게 한순간에 지옥이 될 수 있다.

폴란드 인구의 대다수가 가톨릭 신앙을 지니고 있지만 통계에 따르면 그 종교적 여성의 60퍼센트가 낙태를 한다고 한다. 그들은 낙태라는 행위가 죄악임을 암암리에 받아들이고 쉬쉬하면서도 동시에 낙태를 선택한다. 어쩔 수 없기 때문이다. 국내의 불법 시술 시장이 상당히 위험하기 때문에 위민 온 웹을 통해 약을 구하기도 하고 독일 등으로 가서 수술을 받는다. 슬로바키아로 갈 경우 수술비는 바르샤바에서 받는 불법 시술보다 4배 이상 싸다. 수술에 따르는 위험을 무릅쓴다 해도 실제로 가난한 이들은 순전히 금액 면에서도, 폴란드 국내에서 시술을 받기는 어렵다. 이런 여건에서 좀 더 저렴하고 간편한 대안이 될 수 있는 약물 낙태도 용이하지 않다. 인도나 중국, 위민 온 웹을 통해 국외에서 폴란드로 배달되는

유산유도제를 국가에서 막기도 한다. 현재 폴란드는 여성들의
재생산권을 국가 차원에서 정면으로, 적극적으로 제한하고 있는
것이다.

죄의식으로 통제한다

아일랜드와 마찬가지로 폴란드에서도, 정치적 보수파와 결탁해
공교육과 공공기관에 영향력을 행사하는 가톨릭 이념은 사람들의
인식 전반에 강력하게 자리를 잡고 있는 듯했다. 폴란드 사회에는
낙태를 죄악시하는 분위기가 폭넓게 공유되고 있다. 낙태 전면
금지화 법안 발의 전 가톨릭교회는 자원활동가를 조직해 낙태 반대
캠페인을 했고 그들을 지원했다. 작은 마을에서는 지역사회의 중심
역할을 하는 교회가 사람들의 의식에 미치는 영향은 생각보다
크다. 낙태를 하는 여성들조차 낙태는 손가락질받아 마땅한 죄이며
낙태라는 행위가 여성에게 후유증과 트라우마를 안긴다는 믿음을
가지고 있다.

이런 죄악시는 낙태뿐 아니라 피임에도 해당된다. 폴란드에서
여성이 피임약을 구하기가 용이하지 않다는 사실은 폴란드에
오면서 가지고 있던 가장 큰 의문 중 하나였다. 낙태가 불법이고
실제로 낙태 수술을 받기가 그토록 어렵다면, 피임이 매우
적극적으로 권장되고 교육되어야 하는 것 아닌가? 그렇게
생각했지만, 폴란드의 현실은 그렇지 않았다. 폴란드의 가톨릭적

교육과 이념은 피임 또한 낙태와 같은 의미에서 죄라고 치부한다. 피임약을 구하는 과정은 점점 복잡하고 어려워지고 있다. 피임약 처방을 해주는 의사를 찾아야 하고, 처방을 받으러 간다 해도 피임약을 원한다는 이유로 여성을 비난하거나 무례한 언사를 하는 등 수모를 겪는 일이 흔하다. 한 번의 처방으로 약을 계속 구할 수 있는 것도 아니며, 약값 자체도 비싸다. 이런 식으로 폴란드 사회는 여성에게 수치심과 죄책감을 주면서 피임과 낙태, 즉 여성 당사자의 재생산권 행사를 막는 데 '성공'하고 있다.

신앙 있는 이들은 실제로 피임을 하면서 죄책감을 느끼고 있을 거라는 말을 들으며 한숨이 나왔다. 여성에게 죄의식과 두려움을 심어줌으로써 자신의 몸과 인생에 대한 당연한 권리를 포기하게 만드는 것. 검은 시위를 전후로 변화하고 있는 대중의 인식에도 불구하고 이런 메커니즘은 이 나라에서 매우 효과적으로 작동하고 있는 듯했다.

놀랍지 않게도, 사후피임약도 마찬가지다. EU에서 사후피임약 구입에 처방전이 필요한 나라는 폴란드와 헝가리뿐이다. 그런데 폴란드에서도 2년 전까지는 처방전 없이 사후피임약을 구할 수 있었다. 사후피임약을 처방 없이 구할 수 있도록 명시한 EU의 권고와 정확히 반대 방향으로 역행한 셈이다. "왜?"라는 우리의 물음에 돌아온 대답에는 소름이 끼치는 동시에 실소가 났다.

"그들이 말하기로는, 만약 여성이 '응급피임약을 사탕처럼 먹으면 어떡하냐'는 거예요. 사후피임약을 사는 데 돈이 얼마나

드는데. 어느 여자가 한 알에 100즈워티(Zt)나 하는 사탕을
먹겠어요. 그런데 정말로 저렇게 말하면서 처방전을 도입했죠.
그들은 여성이 자기가 원하는 사탕을 먹을 수 있도록 놔두지
않아요. 원하는 사탕을 양껏 먹을 수 있는 건 남자뿐이죠. 여자는
안 돼요."

　　한편 폴란드에서 비아그라를 사는 데는 처방전이 필요 없다.
비아그라는 몸에 유해하고 심장마비를 일으킬 수 있다는 점이
증명되었고, 때문에 미국이나 독일에서도 처방전이 필요하다.
그러나 폴란드는 남성들이 좋아하는 이 사탕을 제한 없이 허용하고
있다. 사후피임약과 정확히 반대로, EU에서 처방전 없이 비아그라
받을 수 있는 나라는 폴란드뿐이다.

금지와 통제에 반격

낙태를 금지하면서 피임도 금지하는 나라. 계속 이야기를
들으면서도 끝내 이해하기 어려웠지만, 어쨌든 이것이 폴란드의
현재였다. 그리고 그 기반엔 가톨릭 이념이 있다. 생명은 신이 주는
것이므로 인간은 성행위 이후 즉 재생산을 스스로 통제해서는
안 된다는 것이다. 그러나 조금만 살펴보면 낙태와 피임을 둘 다
죄악시하는 폴란드의 현실이 이 이념에 충실한 결과라고 보기
어려운 지점이 있다. 정자와 난자부터가 이미 생명의 씨앗이라고
하지만 남성의 자위는 처벌되거나 비난받지 않는다.

"모든 건 여성을 통제해요. 남성이 아니라요. 가부장제와 가톨릭은 여성에게 어떤 것도 양보하지 않으려 해요."

우르술라의 말 그대로, 국가가 행사하는 모든 금지와 더 많은 금지들이 겨냥하는 것은 여성에 대한 통제. 폴란드의 낙태권 활동가들은 이것을 정확히 인식하고 정치적 대응을 꾀하고 있었다. 특히 검은 시위 이후 많은 여성이 이런 국가 통제의 본질을 인식하고 서로 도우며 조직화하고 있다. 예컨대 피임약을 처방하면서 여성을 비난하거나 모욕을 주는 의사의 리스트를 만들어 공유하거나, 반대로는 긴박한 상황에서 응급피임약을 제공하는 의사 그룹이 조직되기도 했다. 베를린에 거주하는 폴란드 여성들은 낙태 수술을 위해 베를린에 오는 자국민 여성을 돕기 위한 조직을 만들었으며 폴란드 안의 단체가 위민 온 웹과 직접 협력관계를 맺어 응급피임약과 낙태약을 제공하고 있다고 한다. 나라 곳곳을 여행하면서 피임과 낙태에 관한 교육과 강좌를 제공하는 여성 모임도 생겨났다. 이밖에도 피투성이 아이 같은 이미지를 붙여놓은 병원들에 항의 메일을 보내거나 방문해 사진을 찍고 경찰에 제출해 법원이나 경찰이 그걸 내리도록 하는 움직임도 있다.

"이런 행동들이 실제로 효과가 있어요. 그리고 다른 행동들로 이어지죠. 이런 여성들의 반격을 인터넷에 포스팅하는 건 의미가 있어요. 사람들이 이걸 보고, '뭔가 할 수 있다'고 느끼는 게 중요하거든요."

현재 폴란드 국회에서는 심한 장애가 있는 태아에 대한 낙태 허용을 금지하려는 법안이 진행 중이고 이에 반대하는 시위가 일어나고 있다. 장애아 낙태를 불법화하려는 것이 낙태 전면 불법화를 위한 초석이기 때문이라고 아그니슈카가 설명했다.

"현재 폴란드에서 이루어지고 있는 합법적 낙태의 거의 전부가 이 케이스에 해당하거든요. 즉 이걸 불법화하면 사실 전면 금지와 거의 차이가 없는 통계가 나오고, 그럼 그다음(전면 금지)으로 나아가려 하겠죠."

한편 국회에서 이 법안이 제출된 같은 날 진보 법안, 즉 진단서 없이 피임약 사기, 낙태 합법화, 성교육에 관한 법안도 제출됐다. 그리고 폴란드 국회의원들은 이 진보적 법에 '노(No)'를 투표했고, 낙태 금지를 추진하겠다고 밝혔다. "많은 폴란드인이 이 사실을 안 뒤 매우 분노했다"고 우르술라는 말했다. 분명 다수의 대중이 원하는 건 피임과 낙태에 관한 진보 법률이었음에도 의원들이 이것을 막은 사실에 대한 분노. 그 분노에도 불구하고 현재 폴란드는 여전히 '개악'과 싸우고 있다.

"지금 정치 지형 자체가 전반적으로 여성의 권리에 매우 비우호적이에요. 진보 어젠다를 표방하는 정당이 국회 안에 없거든요. 집권당은 지금 선거법도 바꾸려 하고 있어요. 그게 실현되면 우리 같은 국소정당이 국회에 들어가기 더 어려워지죠."

"상황이 그냥 점점 우울해지는 것 같아요."

우르술라의 설명에 아그니슈카가 덧붙이며 한숨처럼 웃었다.

우르술라도 끄덕이며 함께 웃었지만, 곧 "그래도 여전히 낙관할
근거들이 있다"며 다시 진지한 얼굴로 말했다. 현재 폴란드는
사람들이 원하는 사회 현실과 주요 정치가 굉장히 분리되어 있다.
우르술라는 여기에 변화와 혁명의 가능성이 있다고 보고 있었다.

"결국 사회와 정치의 균형은 필요하니까요."

때문에 그들은 라젬에서 매우 진보적이고 페미니즘적인
어젠다를 계속해서 밀고 있다. 여성을 위한 내부 메커니즘을 갖고
풀뿌리 차원에서부터 변화를 진전시키길 꾀하며, 사람들의 생각을
점차 바꾸어가고자 한다. 그리고 이것은 잘 퍼져나가고 있다.

"저도 검은 시위 때 라젬에 들어왔어요. 수백 명의 여성이
나처럼 그때 라젬에 들어왔죠. 민주주의 국회를 갖고 있는 이상,
우리가 아무리 거리에 나간다 해도 최후에 법이 통과되는 건

국회에서죠. 그러므로 국회에서 여성이 힘을 가져야 해요. 여성이
결정권자가 되어야 하고 결정 과정에 참여할 수 있어야만 합니다."

언제까지나 남자들이 여자에 대해 말하고 결정하도록 둬서는
안 된다, 고 우르술라는 말했다. 여성이 국회에서 말할 권한이 있는
자리를 가지게끔 되어야 한다. 그게 법과 사법 시스템이 작동하는
방식이라면 그것을 얻어내야 한다.

"그렇게 해서 하나의 운동이 다음으로 이어져야 해요. 이게
내가 페미니스트 활동가에서 페미니스트 정치가가 되려 하는
이유예요."

인터뷰를 마친 후 라젬 동료들이 모이는 술자리를 함께했다.
상표를 읽을 수 없는 처음 보는 수십 종의 맥주를 두고 고민하다

인터뷰 이후 술자리에서도 이야기를 이어갔다.

결국 생맥주를 택했는데, 생맥주도 타입별로 다섯 종류나 되어서
행복하게 골고루 맛볼 수 있었다. 폴란드식 전통 샌드위치에
맥주 세 잔을 비우는 동안 얻은 최고의 수확은 폴란드어로
'건배'를 어떻게 말하는지 배운 것이다. 농담이고, 사실 최고
수확은 우르술라의 친구를 소개받은 것이다. 검은 시위를
즈음해 페미니스트 활동가가 된 이를 인터뷰해보고 싶다고 하자
우르술라가 바로 연락을 취해주었다. 아그니슈카가 먼저 자리를
뜨고, 곧 우리도 일어났다. 우르술라는 우리의 책에 행운을
빌어주며, 임신 중단은 당연히 얻어내야 할 권리임을 다시금
강조했다. 임신은 누구에게나 예기치 않게 일어날 수 있는 일이고,
그 일이 생겼을 때 여성은 자신의 삶을 위해 당연히 선택할 수
있어야 한다고 말이다.
　"여성 개인이 자신은 임신할 일이 없다 생각한다 해도
마찬가지죠. 예를 들어 내가 레즈비언이라고 해도, 낙태권은 가져야
해요."
　라젬과 헤어져 숙소로 돌아온 밤, 우리는 그 어느 때보다도
의욕에 불탔다. 오늘의 인터뷰에 대해 이야기하며 각자의 감상을
나누다가 결국 일을 늘렸다. 폴란드는 우리가 인터뷰를 예정한
마지막 나라였지만 좀 더 다양한 이야기를 최대한 듣고 돌아가고
싶어진 것이다. 결국 이후 휴가를 가기로 한 시칠리아와, 한국에
가는 비행기를 타러 다시 들를 예정인 파리에서 추가 인터뷰가
가능할지 요청하는 메일을 썼다. 특히 검은 시위를 경험한

당사자들의 생생한 인상에 대해 듣고 나니 프랑스에서 낙태권 합법화 투쟁 당시를 겪은 사람의 이야기를 좀 더 듣고 싶어져, 마르틴에게 도움을 청하는 메시지도 보냈다.

그리고 다시 날이 밝았다. 어제 소개받은 우르술라의 친구를 만나기로 한 날이다. 시칠리아의 여성 단체 한 곳과 파리에 인터뷰 요청 메일을 보내두긴 했지만 아직 정해진 것은 없으니 어쩌면 우리의 마지막 인터뷰가 될 것이다. 한국에서 챙겨온 선물도 딱 한 개가 남았다. 캐리어에서 마지막 선물 박스를 꺼내 드니, 여행이 끝나간다는 게 실감이 났다.

"선물 챙겼어?"

"응. 가자."

더 이상 아무것도 안할 수 없었다

바르샤바 구시가지에서 카타지나 스칼스카와 만났다. 그는 2016년 이전에는 페미니스트로서 운동에 나선 적이 없었으나 낙태 전면 금지법안 발의로 사회적 공분이 터져 나올 때에 즉각적으로 행동에 나섰다. 2016년 4월, 집권당이 법 개정을 발의한 이후 카타지나는 자신의 몸과 딸의 몸을 생각해서라도 더 이상 가만히 있어선 안 된다고 판단해 행동에 뛰어들었다고 한다. 그는 5월에 곧바로 '위민 프로테스트(Women Protest)'라는 단체를 세우고 여러 활동가와 머리를 맞대어 6월 18일에 진행된 '디그니티 마치'를 기획했다.

정치 단체의 기획이 아닌 여러 페미니스트 단체에 의해 진행된
이 행진의 캐치 프레이즈는 "여성의 권리는 인간의 권리다"라는
극히 기본적인 명제였다. 거기서부터 시작해야 했다. 10월, 검은
시위로 법안이 일단 철회된 뒤 현재까지도 그는 단체를 유지하며
낙태권만이 아니라 다양하고 일상적인 여성의 기본권을 위한
일들을 이어나가고 있다.

이민 프로테스트의 카타지나 스캄시카

　　카타지나의 경우처럼, 검은 시위는 수많은 여성을 페미니스트
활동가 혹은 정치적 투사로 만들었다. 현재 라젬에서 낙태권의
정치의제화를 지속하기 위해 힘쓰는 활동가들도 대부분 2016년
합류한 이들이라고 우르술라는 말했었다. 페미니스트로 정체화하고
정치적 투사가 된다는 데 거창할 것은 없다. 그저 눈에 보이고

피부로 느껴지는 당면한 폭력 앞에서 "더 이상 아무것도 안할 수 없다"는 것을 깨달았을 뿐이다. 카타지나도 마찬가지였다.

"딸에게도 안전할 수 있는 나라여야 한다고 생각했어요. 그냥 여성이, 피임과 낙태를 고통 없이 선택할 수 있어야 한다는 확신이 있었을 뿐이에요."

재작년 검은 월요일에 카타지나도 그의 동료들과 함께 시위에 나섰다. 시위의 이름은 "우리는 지하로 들어가지 않을 것이다(We're not going to go underground)". 낙태 전면 금지에 순순히 동의해주지 않을 것이며 불법 낙태 시술(즉, 현재의 낙태 금지법)과도 싸울 거라는 이중의 의미를 담고 있다.

"검은 시위 이후로는 낙태권보다는 주로 여성 인권 일반에 가까운 페미니즘 운동을 하고 있어요. 작년 여성의 날에는 '블루 라인'이라는 행사를 했죠."

블루 라인이란 여성들을 돕는 전화선을 가리키는 표현인데 여성의 날을 맞아 여성에 대한 폭력들에 맞선다는 의미로, 500미터 길이 파란 선을 여러 사람이 함께 들고 바르샤바 중앙역 근처 광장에 나갔다고 한다. 이때 수상에게 여성 인권에 대한 25가지 질문을 담은 편지를 쓰기도 했다. 답이 없어서 매달 8일마다 편지를 보내기로 했는데, 4월엔 답장이 왔다.

"진짜요? 뭐라고요?"

"아주 웃겼어요. 제대로 된 대답이 하나도 없었죠. 그런 거 있잖아요, 핵심은 없이 지금 뭘 하고 있긴 한데, 하면서 주제에서 벗어나 빙빙 둘러말하는 거. 똑바로 대답하라고 몇 번 더 하다가 결국 9월인가 10월에 그만뒀어요."

그가 운동을 시작한 계기와 이어온 활동 이야기로 시작해, 페미니스트로서 이 나라에 살면서 겪고 느낀 것들로까지 이야기가 이어졌다. 카타지나의 딸이 길거리에서 성희롱을 당하는 것을 지척에서 목격한 이야기나 가부장적 시부모와 오랜 투쟁 끝에 올해 드디어 전쟁을 종료했다는 이야기들은 무섭도록 친숙했다. 우리가 그의 이야기에 즉각적으로 공감하고 그의 대응에 박수를 보내듯, 그 역시 한국의 강남역 이야기와 인터뷰 당시 활발하게 진행 중이던 미투 운동의 상황 등을 빠르게 이해했다.

그 주거니받거니를 잠시 멈추게 한 것은 피임에 대한 이야기였다. 라젬에서 들은 이야기가 있어서 상황은 어느 정도 파악을 했지만, 다른 이야기들을 더 할수록 여성 인권 문제 전반에서 한국과 공통점이 많은 폴란드에서 피임에 대한 것만은 한국과 아주 다른 상황이었기에 카타지나의 생각도 듣고 싶었다. 한국에서는 남성이 콘돔을 끼기 싫어서 여자친구에게 피임약을 먹도록 하는 경우도 흔한데, 피임 자체가 죄라면 아이를 원치 않는 폴란드 남성들은 어떤 입장인지도 궁금했다. 궁금했던 것들을 질문하자, 카타지나는 "폴란드 남자도 피임 잘 안 한다"고 우선 단언했다. 그런데 거기에 이어진 대답이 충격적이었다.

꽤 신중하게 이어진 그의 답을 간추려보자면, 폴란드 남성들은 임신을 해선 안 된다고 생각하더라도 피임을 하는 것을 "꺼린다".

여성이 "알아서 어떻게든 임신을 피하기를" 바란다. 거기까지 듣고 우리가 어이가 없다는 듯 웃자 카타지나는 우리의 반응을 이해한다는 듯한 눈짓을 하며 덧붙였다.

"가톨릭 기반 교육은 이렇게 가르치거든요. '남성의 정액은 축복(blessing)이며 여성의 건강에 좋다'고."

그의 입에서 '축복'이라는 단어가 뱉어지는 순간 머리로는 화가 나고 뱃속에선 토기가 올라오는 듯했다. 그 심경을 여과 없이 표정으로 드러내자 카타지나도 웃었다.

"아이를 원치 않는데 섹스는 하고 피임은 안 하는 이 말도 안 되는 상황은 물론 교육이 잘못돼서 벌어지는 거겠죠. 어쨌든 내가 일생 동안 봐온 남자들이 그래요."

다 함께 마주 한숨을 쉬며, 한국의 성차별주의와 당시 한창 활발하던 한국의 미투 운동 이야기를 하다 보니 두 시간이 훌쩍 지났다. 상습적 성희롱이나 여성 대상화, 유명인 남성의 공공연한 성차별적 발언들과 여성의 섹슈얼리티에 대한 인식 수준 면에서 폴란드는 정말 한국과 공통점이 많았다. 카타지나는 "남성은 일단 여성을 대상화하고 통제하고 보려 드는데, 그들도 자신이 뭘 원해서 그러는지 모르는 것 같다"며 쓰게 웃었다.

"스스로 뭘 원하는지 생각한다면 여성이 행복해지는 것도 생각할 텐데 말예요."

정말 그렇다. 그 쓴웃음을 공유하며 인터뷰를 마무리했다.

검은 시위 당일, 거리는 처음으로 여성들의 것이었다   215

현재 그리고 미래

폴란드 여성들이 당면한 적극적 재생산권 통제라는 현실을 가능케 하는 것은 취약한 여성 인권과 임신과 출산에 대한 후진적 교육임을 실감했다. 1978년부터 2005년까지 교황이었던 요한 바오로 2세는 폴란드인으로, 최초의 비이탈리아인 교황으로서 폴란드인들에게 아주 자랑스러운 존재다. 그의 가르침은 여전히 대중의 지지를 얻으며 공교육에서 통용되고 있다. 피임과 낙태에 대한 의무교육은 존재하지 않으며 '최고의 피임은 섹스를 하지 않는 것'이라 믿는 나라. 비아그라는 처방전 없이 살 수 있지만 피임약은 살 수 없는 나라. 이것이 폴란드의 현재였다. 이런 상황에서 라젬과 여러 활동가들은 낙태 합법화를 위한 법적, 정치적 대응을 이어가고 있다.

여전히 낙태권은 폴란드에서 가장 중요하고도 논쟁적인 이슈다. 정치적 싸움과 대규모 시위 외에도 SNS 기반의 젊은 페미니스트들을 중심으로 이어지는 '낙태해도 괜찮다(Abortion is OK)' 캠페인도 있다. "남성의 정액은 축복"이므로 피임조차 죄라고 하는 나라에서 이것은 매우 급진적인 구호이기에 사실 페미니스트 활동가들 사이에서도 반응이 나뉘는 캠페인이라고 하지만, 카타지나는 어쨌든 이것에 의미가 있다고 말했다. 실제로 많은 여성이 낙태를 하면서도 이에 죄책감을 느끼고 터부시하는 분위기에서 "낙태해도 괜찮다"는 외침은 분명한 울림을 갖는다.

검은 시위로 촉발된 여성들의 분노 그리고 낙태권이라는

사안에 대한 상대적으로 높은 대중의 이해도에 반해 한참 뒤떨어진 사회 현실 속에서, 폴란드의 여성들은 '카운터밸런스'를 맞추는 전략을 취하고 있다. 이들이 싸우고 있고 싸워야만 하는 반대자들의 논리는 결국 "낙태는 살인"이라는 것이다. "여성들이 무구하고 소중한 우리의 아이들을 죽인다"는 이들의 말은 태아를 인간으로 볼 수 있느냐 아니냐를 떠나 슬로건으로서 분명 호소력이 있다. "사실 이게 현재 폴란드 낙태권이 이토록 열악한 상황에 처한 이유"라고 우르술라는 말했다. 낙태권의 반대자들이 '살인'을 내세운다면 그에 준하는 힘을 가진 가치로 대응해야 한다. 그 가치로서 들 수 있는 것은 여성과 세상에 나올 태아의 '삶'이다. 이는 태아를 낳을 여성의 건강과 생명, 그 여성의 삶의 존엄은 물론이고 원치 않는 임신으로 태어날 아이의 삶까지를 포함한다. 고통 없는 삶과 존엄한 삶의 문제는 널리 받아들여질 수 있는 논리이자 가치다. 여기서 출발해서 라젬은 결과적으로 낙태가 "여성이 선택할 수 있어야 하는, '의료 행위'"임을 이해시키는 방향으로 나아가고자 한다. 이는 독일, 프랑스, 영국에서 논의를 일으키고 실제로 여성의 재생산권을 향상시킨 방식이기도 하다. "안전을 위해 의료 케어에 접근할 수 있는 여성의 권리." 임신을 하든 하지 않든, 그는 여전히 의료 케어를 받을 권리를 가진 인간이고 시민이라는 것이 우선 인정되어야만 한다. 여기까지 인식이 발전하지 않으면 언제까지고 제자리걸음일 것이다.

　"그렇다면 현재 폴란드에서 낙태 합법화에 가장 걸림돌이 되는 것은 종교인가요?"

라젬과의 인터뷰에서, 다시 우문이 될 것을 염려하면서 마지막으로 물었었다. 그리고 단호한 대답이 돌아왔다.

"종교가 아니라, 정치적 기관으로서의 가톨릭교회지요."

폴란드는 정치적으로 종교적인 나라다. 가톨릭은 가장 강력한 국가 기관이다. 그 교의가 보수 정치와 결탁해 여성을 통제하고 있으며 금지와 통제는 점점 강해지고 있다. 그러나 우리가 만난 폴란드의 페미니스트 활동가들은 지금 폴란드 사회의 인식이 여기에 그저 끌려가고 있지는 않다고 판단하고 있었다. 점점 더 많은 여성이 현실에 분노하며 자신의 권리를 위해 행동에 나서고 있다. 이제 더 이상 여성들은 가만히 있지 않는다. 무언가를 하고 있고, 바꿀 수 있다는 믿음이 있다. 이게 무엇보다도 중요하다.

우리가 폴란드를 떠난 이후에도 대규모 시위가 벌어졌다. 이 소식을 듣고 안부를 묻자 "낙태권 논의를 이어나갈 수 있고 폴란드에서 가톨릭교회의 영향력이 변해가는 것을 기쁘게 생각한다"며 계속 최선을 다해 싸울 거라는 답장이 왔다. 단단한 결의의 메시지 아래에는 "페미니스트로서 가장 따스한 인사를 보낸다, 너의 폴란드 자매 우르술라로부터"라는 서명이 있었다.

6장
시칠리아 그리고 다시, 프랑스

국가의 법이 유죄다

시칠리아

우리의 여행은 파리에서 출발해 다시 파리로 돌아오기로 되어 있었다. 원래는 한국으로 돌아가는 비행기를 타기 전 하루 정도 다시 파리에 묵을 생각이었는데 폴란드에서 마음을 바꾸었다. 아일랜드와 폴란드는 현재 낙태죄 폐지를 위한 투쟁 중이고, 루마니아는 독재정권에 대한 반발로 낙태죄가 폐지되었으나 페미니스트들이 싸워서 얻어낸 결과는 아니었다. 페미니스트들이 투쟁을 통해 낙태권을 얻어냈다는 점에서 프랑스의 위치가 새삼 독보적임을 실감할 수 있었다. 라젬과의 인터뷰 직후 "프랑스의 싸움 이야기를 조금 더 듣고 싶다"는 데 동의한 우리는 그날 바로 마르틴에게 도움을 청했다.

"지금 폴란드에 있는데요, 1970년대의 이야기를 조금 더 듣고 싶어졌어요. 그 당시 운동했던 분들의 연락처를 좀 얻을 수 없을까요. 알려만 주시면 메일은 저희가 보낼게요."

폴란드 인터뷰를 마지막으로 우리는 시칠리아로 떠나 마침내 휴가를 즐길 예정이었으나, 마르틴의 회신을 기다리며 일단 시칠리아 일정을 하루 줄였다. 그리고 유럽에 도착해서 알게 된 다양한 단체에 무턱대고 메일을 보냈다.

"안녕하세요, 저희는 한국의 페미니스트입니다. 혹시 일주일 뒤인 2월 13일 오후부터 14일에 이런 인터뷰를 할 수 있을까요······."

그리고 바르샤바를 떠나 드디어 시칠리아로 향했다. 폴란드에 있는 동안 시칠리아의 여성 단체에도 급히 인터뷰를 요청해봤지만 답이 오지 않아, 시칠리아에선 그저 쉬고 즐기기로 했다. 폴란드를 떠날 때 민경이 여권을 분실하고(다행히 비행기를 놓치기 전에 찾았다) 공항에서 혜윤의 짐이 한 번 분실되는 작은 해프닝들을 겪고(이것도 결국 찾았다) 드디어 휴가가 시작됐다.

이탈리아는 맛의 나라라고 다들 대단히 기대하고 있어서,

그동안 추위에 떨었던 우리에게 시칠리아는 몹시 따뜻했다.

아침에 폴란드를 떠나 로마를 경유해 한밤중에 시칠리아에 떨어지기까지 다들 기꺼이 굶었다. 가서 맛있는 걸로 배를 채우겠다는 의지였다. 도착한 시칠리아는 따스했다. 유럽 일정 내내 입었던 지긋지긋한 단벌 패딩을 벗어던진 것만으로 짜릿한 해방감이 느껴졌다. 숙소에 짐을 놓고 부리나케 달려나가 파스타와 피자를 배 터지게 먹었고, 그 맛은 과연 아주 굉장했다.

"인생 피자다."

"올리브 오일부터가 달라(오일을 찍어먹으며)."

"평생 동안 라비올리를 오해했어."

"26년을 낭비했어."

감동 속에 온갖 메뉴를 휩쓸었더니 식당에서 서비스를 줬다. 아주 차갑게 만든 리몬첼로 네 잔. 정말 완벽한 한 끼였다.

그리고 숙소로 돌아오니 마르틴의 답장이 도착해 있었다.

"낙태·피임 해방운동(MLAC)에서 직접 낙태 시술을 했던 의사인데 만나주신다고 해요. 이름은 마리 클로드. 오전 10시에 한 시간 정도 내어줄 수 있다고 하니 댁으로 찾아가면 될 거예요."

메일을 확인하자마자 화면에 대고 외쳤다.

"마르틴 사랑해!"

나라를 건너다니며 인터뷰를 거듭할수록 첫 번째 방문지였고 그만큼 미숙했던 파리에서의 인터뷰에 아쉬움을 갖고 있던 차라, 모두가 이 기회에 진심으로 감사했다. 민경이 바로 답장을 보냈다.

"정말 감사합니다. 이메일 주소를 알려주시면 직접

연락해볼게요."

"이메일을 쓸 만한 연세가 아니에요. 얘기해뒀으니 시간 맞춰 찾아가면 돼요. 귀가 어두워지셨으니 크게 말해야 할 거예요."

마르틴의 대답이었다. 우리가 만나려는 이들이 1970년대 당시에 이미 베테랑 활동가였던 여성이며 그 뒤로 거의 반세기가 지났다는 사실을 자꾸 잊는다. 마르틴의 답장 말미에 주소와 호수, 1층 현관문 비밀번호가 적혀 있었다.

돌아온 파리

시칠리아에서의 휴가는 빠르게 지나갔다. 다음에 이곳에 다시 온다면 첫째, 한 도시에 쭉 머물지 말고 둘째, 렌터카로 꼭 여기저기를 다니자. 두 가지를 마음에 새긴 채 공항으로 향했다. 파리로 이동하는 날, 하필 숙소에서 숙소까지 무려 열한 시간이 걸리는 날에 새벽부터 민경이 격렬한 몸살이 났다. 공항에서 비싼 약값을 치르고 구입한 감기약을 들이부었지만 상태가 금방 좋아지지는 않았다. 바로 다음 날 아침에 예정된 마리 클로드와의 인터뷰에서 민경이 통역을 담당해야 하는 상황이라 다들 걱정이 가득이었다. 우여곡절 끝에 도착한 파리의 도미토리형 숙소에서 자고 일어났지만 여전히 컨디션이 좋지 않았다.

"할 수 있겠어?"

"해야지 뭐."

한 달에 걸친 우리 여행의 마지막 날이자 마지막 인터뷰다. 그렇게 마리의 집으로 향했다.

마리는 딸과 휴가를 떠나기로 한 날 아침, 출발하기 직전에 우리를 만나준 것이었다. 갑작스러운 요청에 응해준 데 감사하며 거실로 향했다. 우리를 소개한 뒤 1970년의 낙태권 투쟁에 대해 듣고 싶어 찾아왔다는 목적을 밝혔다. 마리는 이 주제가 아주 익숙한 듯, 프랑스 낙태 투쟁의 역사를 줄줄 풀어가기 시작했다.

1970년대 낙태권 투쟁 이야기를 들려주는 마리 클로드

"제2차 세계대전 이후에 인구 증가 정책이 있었죠. 나라에서 피임을 불법으로 규정했는데 여론이 좋지는 않았어요. 1950년대에 플라닝 파밀리알이 설립되고, 그때 거기서 피임 합법화를 요구했어요. 그리고 68혁명을 계기로 그전까지 보수적이던 프랑스

사회의 젊은이들이 진보적으로 변하기 시작했죠."

그리고 그 진보운동의 와중에 여성들이 소외되었다. 사회 진보를 말하는 사람들 사이에서도 여성 인권을 신장해야 한다는 이야기는 받아들여지지 않았고, 같이 활동하는 동료 안에서도 조리와 청소를 여성들이 도맡아야 했다. 한국에서 자란 우리에게는 지금도 익숙하게 상상이 되는 풍경이다.

"그러던 중에, 1970년이 되면서 낙태 자유화운동이 일어났어요. 그때까지 여자들은 낙태를 하면 감옥에 갔었죠."

마리 클로드는 바로 이때 피임과 낙태를 합법화하여 여성의 몸을 해방하라는 요구 아래 생겨난 낙태·피임 해방운동 단체 믈락에 함께했다.

"이 운동이 가능했던 건 그때 당시에 새로운 낙태 수술법이 개발됐기 때문이에요. 원래는 낙태를 하려면 자궁 경부 안으로 수저 같은 것을 넣어 안을 긁어내야 했거든. 그런데 미국에서 얇은 관을 넣어서 낙태를 하는 새로운 수술법이 개발됐다는 소식이 들려왔죠."

그 새로운 수술법을 이용하면 산부인과 의사가 아니어도 얼마든지 낙태 시술을 할 수 있다는 소식에, 당시 활동가들은 예술가, 심리학자, 의사, 노조원 등 직업을 가리지 않고 다들 그 방법을 배우기로 했다고 마리는 설명했다. 그리고 그 시기에 343 선언이 나온 것이다.

"유명한 여자들이 낙태가 불법인 와중에 '나도 낙태했다'고 주장하고, 그 이후에 보비니 사건이 있었죠. 열일곱 살 아이가 강간을 당해서 임신을 해 낙태를 하려고 한 건데 낙태 시술을 한 사람과 조력한 사람들, 그러니까 아이와 아이 엄마를 포함해서 다섯 명 정도가 죄다 법정에 선 거예요. 이 사건으로 여론이 모였죠. 그러자 이번에는 300명 넘는 의사들이 서명을 했어요. 낙태 시술을 제공한 걸로 처벌이 되니까, 의사들이 다들 '나도 낙태 시술을 했다'고요. 사실 한 적 없는 사람들도 성명에 많이 참여했는데, 너무 많은 수가 이렇게 나오니까 법을 적용할 수가 없었어요."

당시 파리의 여성 해방운동은 120여 개 소집단으로 나뉘어 있었다. 마리가 속한 블락도 그중 하나였다. 사람들은 의사로부터 새로 발명된 '간단한 낙태법'을 배웠고, 낙태 수술은 당연히 암암리에 이루어졌는데 수술을 해줄 사람과 수술이 필요한 사람이 은밀히 만나는 나름의 방법들이 있었다고 한다.

"옆구리에 신문을 끼고 카페에서 만나자, 그런 식으로 약속을 하는 거죠. 만나면 장소를 제공하기로 한 제3자의 집으로 가요. 수술을 할 때 전기가 자주 나가서 램프를 들고 다녀야 했고, 한 번 수술할 때마다 챙겨서 가져가야 할 게 많아서 아주 무거웠어요. 수술을 할 때는 옆에서 도와주는 사람 두 명이 있었지요."

마리는 그렇게 직접 낙태를 한 얘기부터 시위에 나간 얘기까지 술술 들려주었다.

"경찰들이 때릴 때 주저하게 만들려고 여자들이 일부러 앞에 섰죠."

문제는, 새롭게 발명된 방법으로는 임신 3개월 반
정도까지밖에 수술을 할 수가 없었다. 그보다 임신 주 수가 긴
임신부는 네덜란드로 가서 수술을 받아야 했다. 그때도 네덜란드는
낙태가 합법이었다.

"어떤 식이었냐면, 매주 토요일 오후가 되면 파리 시내
식물원에 여자들이 모여요. 큰 계단 앞에 100명 넘는 여성이
도움을 구하러, 혹은 도움을 주러 모였죠. 나도 연차 내고
네덜란드에 다녀왔었어요. 경찰들도 그 광경을 다 보고 있었어요.
다 알지만 그냥 내버려뒀죠."

"왜죠?"

길게 이어지던 마리의 이야기를 처음으로 끊고 물었다.

"여론이 국가의 편이 아니었거든요."

짧고 명료한 대답이 바로 돌아왔다.

"아까 들고 다니던 게 무겁다고 했었죠? 그래서 나중엔
아예 파리에 아파트를 하나 빌려서 낙태 수술 장소로 썼어요.
경찰은 그걸 알고도 그냥 둘 수밖에 없었어요. 당시 대통령이
지스카르데스탱이라는 젊은 인사였는데, 낙태죄를 폐지하지
않으면 여자들이 분명 장관실 앞에서 낙태를 해버릴 거라고 말할
정도였으니까요. 그리고 우린 아마, 정말로 했을 걸."

두꺼운 돋보기안경을 쓴 마리는 자신들을 두려워하던 젊은
대통령을 떠올리며 깔깔 웃었다.

"그리고 베유법이 통과됐죠. 베유는 남자로 가득한 국회에서

연설을 했는데, 직후에 욕을 무지하게 먹었어요. 웬걸, 나치라고
욕을 먹었다니까요."

베유는 홀로코스트 생존자였다. 당시 베유는 의원 490명 중
481명이 남성인 국회에서 낙태를 합법화해야 한다는 연설을 했다.
연설 직후 그에게 욕이 쏟아졌으나, 막상 법을 통과시키는 데는
우파 의원들도 찬성표를 던졌다. 당시 불법 낙태를 하면서 여성들은
과한 출혈, 감염, 질병을 감수해야 했고 심할 경우 사망에 이르렀다.
낙태를 한 뒤 다시는 아이를 낳을 수 없게 되기도 했다.

"그런데도 어쨌든 여성들은 낙태를 한다는 걸 사람들은
알았던 거예요."

그렇게, 프랑스 사회는 여성이 낙태할 권리를 가져야 한다는
일종의 '합의'에 도달했다. 일단 합법화가 되자 보험 적용
등도 점차 이루어졌다. 믈락 활동은 합법화 이후 자연스럽게
해체되었다. 활동하던 의사들도 일하는 병원으로 돌아갔다. 마리도
마찬가지였다.

"당시엔 낙태에 적대적인 의사들이 많았으니까 낙태 시술을
했지만, 난 산부인과 의사도 아녜요."

그렇게 마리는 '일반의'로 돌아갈 수 있었다.

커다란 권력에 커다란 저항이 필요하다

낙태 여론이 점차 긍정적으로 바뀌어가고 마침내 사회에서 낙태를 권리로서 인정하기까지, 이들은 그 흐름을 투쟁으로 만들어냈다. 그렇게 해서 '승리'했을 때 어떤 기분이었는지 물었다.

"휴!"

마리는 안도의 한숨과 함께 손등으로 이마를 훔치는 연극적 동작을 보여줬다. 합법화 투쟁을 하는 동안 그는 낮엔 일반 병원에 근무하고 저녁에는 믈락 회의를 하고 주말에는 낙태 수술을 했다. 동시에 두 아이까지 돌봤다. 낙태 합법화가 되었다는 건, 이제 한숨 돌릴 수 있음을 의미했다.

필요한 이들에게 불법 수술을 제공하면서 그렇게 지낸 기간이 2년 정도나 된다고 했다. 그토록 피곤한 생활을 2년이나 이어가게 한 동기, 혹은 동력은 무엇이었을까.

마리는 가톨릭 신자이고 원래 낙태는 나쁜 일이며 해서는 안 된다는 믿음을 갖고 있었다. 그런데 그가 아직 의대생일 때, 좌파 활동가인 동지로부터 연락을 받았다. 고문당한 여자가 있는데 임신을 했다며 낙태를 해달라는 부탁이었다. 마리는 낙태는 못 해주지만 재워줄 수는 있다고 대답했다. 당시 그 여성이 전기도 안 들어오는 곳에서 지내야 하는 상황이었기 때문이다.

"그래서 그 여자를 집에 들이게 됐는데, 그는 튜브로 자신이 알아서 낙태를 하겠다고 했어요. 나는 그럼 튜브 소독은 꼭 해야 한다, 고 말하고 일을 하러 갔죠. 그리고 새벽 한시가 다 돼서 돌아왔을 때 욕조가 피로 엉망이 되어 있는 걸 봤어요."

마리가 그때 느낀 건 부끄러움이었다고 한다. 여성은 아직
낙태가 되지 않은 상태였다. 삽입을 해줄 수도 있었을 텐데. 마리는
그 즉시 여성을 위해 그가 할 수 있는 일들을 했고, 새벽 3시가
돼서야 태아가 나왔다.

"그리고 나온 태아를 신문지에 싸서 내가 버렸죠. 피가 온
천지에 난리여서, 새벽 네시부터 천으로 피를 닦고 물에 빨고, 또
닦아내고 빨고, 닦고 빨고, 『맥베스』에 나오는 것처럼 미친 듯이
천을 빨아댔어요. 그러고 나니까 아침 일곱시였죠."

그때, 여자의 뱃속이 여전히 부풀어 있는 것이 눈에 들어왔다.
설마 쌍둥이였던 건가, 큰일 났다 싶어서 그는 여성을 급히
병원에 데려가 상황을 설명했다. 검사를 해보니 쌍둥이가 아니라
염증이었고, 다행히 감염은 회복되었다. 그리고, 이 경험이 마리를
완전히 바꿔버렸다.

"의료인이 아닌 여성이 자신의 몸에 그런 식으로 조치를 해야만
하는 걸 보고 나니 참을 수가 없어졌어요. 그래서 믈락이 생기기
전부터 이 일에 참여를 했죠."

처음에는 의료인으로서 이 상황을 용인할 수 없다고 생각했던
것, 그게 마리가 이 운동을 시작한 동기였다. 당시 파리에는 낙태에
찬성하는 의사가 스무 명뿐이었고 그는 그 스무 명 중 하나였다.

"깨끗하고 제대로 된, 적절한 환경에서 낙태 수술을 해야만
한다는 생각이었지요."

그렇게 그는 낙태권 투쟁과 그 승리까지 함께하게 됐다.
두꺼운 돋보기 때문에 커다래진 눈을 한 마리는 그때를 회고하며
뿌듯한 듯 웃었다. 의료인의 입장을 넘어 정치운동으로서 낙태권을
얻어내야 된다고 생각한 게 언제부터인지 기억나느냐는 질문에
마리는 푸하하 웃으며 대답했다.

"몰라요. 나 올해로 아흔 두 살이라고요."

그는 젊었을 적부터 급진좌파였고 공산주의적 이념을 갖고
있었다고 한다. 낙태권 투쟁은 그에게 안전한 의료 수술을 받을 수
있는 평등한 권리인 동시에 여성이 자신의 몸을 오롯이 통제하기
위해 가져야만 하는 첫 번째 자유이자 권리였다.

"설령 임신 9개월이 됐다고 하더라도 본인이 그러겠다고
결정하면 할 수 있어야 하는 거예요."

그 대답을 듣자 미묘한 전율이 일었다. 낙태를 반대하는
사람들이 그 근거로서 '생명의 소중함'을 거론해온 것이 떠올랐고,
그에 뒤따르던 '임신 몇 주차부터 태아는 생명인가' 같은 논쟁이
떠올랐다. 그러나 그건 다 틀린 접근이다. 낙태를 하고 싶어서
일부러 하는 여성은 없다. 그리고 여성은 인간으로서, 자신의
몸에서 일어나는 일을 결정할 권리가 있다. 이 두 사실만 보아도
결론은 명확하지 않을까. 임신 중단은, 그 신체의 주인이 결정할 수
있어야 한다. 설령 임신 9개월이 됐다고 해도 말이다.

"그렇다면 이제 프랑스에서는 여성이 재생산권을 얻는 데
성공했다고 할 수 있을까요?"

답을 예상하면서도, 그렇게 물어보았다. 그리고 역시나 단호한 대답이 돌아왔다.

"농(non), 절대 아니죠. 그런 순간은 오지 않아요. 국가는 끊임없이 여성의 몸을 통제하려고 해요. 요즘 젊은 여성들은 재생산권을 다 얻었다고 생각하지만 절대로 그렇지 않아요. 절대로."

한번 얻어낸 권리는 뒤집히지 않는다는 생각은 착각임을 우리는 이미 여러 나라에서 보았다. 역습은 어디서든 기회를 노리고 있으며 퇴행은 언제고 일어날 수 있다.

"미국을 봐요. 트럼프가 지금 그렇게 말하고 있죠. 프랑스도 마찬가지예요. 국민전선의 마린 르펜도 비슷한 소릴 하고 있어요. 항상 여성을 통제하려는 시도가 있고 그들은 실제로 힘을 행사해요. 커다란 권력에는 커다란 저항이 필요합니다. 위협은 도처에 존재한다는 걸, 꼭 알아야 해요."

프랑스는 낙태죄를 사형죄로 규정했던 과거에서, 죄목을 폐지하고 낙태를 허용하는 법적 조건을 만들었으며 뒤이어 의료보험을 적용하는 데까지 왔다. 어느 정도까지, 법이 재생산권을 보장하는 것이다. 그리고 변화는 멈추지 않는다. 가장 최근에는 프랑스에서 낙태를 허용하는 조건이던 "곤궁한 상황에 놓인 여성"이라는 문구가 "임신한 여성이 임신을 지속하고 싶지 않을 경우"로 교체되었다. 한국을 떠날 때까지만 해도 우리는, "낙태죄를 폐지하라"는 구호 외에 무엇을 더 말해야 하는지 감이 잘 잡히지 않는 채였다. 그러나 이제 많은 것이 좀 더 명확해졌다. 낙태죄 폐지운동은 여성의 권리를 제한하는 법을 없애는 데서 끝나는 게 아니라 여성의 권리를 보장하는 법을 새로 만들고, 기존의 법을 여성의 관점에서 해석하는 과정을 동반해야 한다. 프랑스는 이 과정을 착실히 밟고 있는 듯하다. 지금까지 여러 사람을 만나며 프랑스에서 변화를 가능케 한 사건들을 조각조각 접해왔는데, 마리의 이야기를 들으면서 한 달간 유럽을 다니며 접했던 조각들이 비로소 하나의 그림으로 파악되는 느낌이었다. 여성의 몸을 향해 끊임없이 시도되는 급습, 이에 맞서는 여성들, 그러므로 끝맺을 수 없는 투쟁. "커다란 권력에 커다란 저항이 필요하다." 마리의 마지막 말이 머릿속에 맴돌았다.

　이야기를 마치고 마리는 딸이 올 때가 다 되었다며 자리에서 일어났다.

　"휴가는 어디로 가세요?"

　"시골로 가요."

　"잘 다녀오세요."

　"고마워."

　두 명씩만 탈 수 있는 좁은 엘리베이터에 우리가 차례로 몸을 싣고 내려가는 내내, 마리는 문간에 서서 계속 손을 흔들며 우리를 배웅했다. 인터뷰를 마치고 다시 찬 바람이 부는 파리의 거리로 나왔다. 몸이 좋지 않은 상태로 통역을 맡았던 민경은, 그러고 보니 얘기하는 새 거의 나은 것 같다고 말했다.

두 명의 마리

마리의 집을 나와 향한 곳은 보비니 재판소다. 우리 여행의 마지막
일정이었다. 보비니 재판소는 이미 343선언으로 화제가 된 낙태
합법화 여론을 또 한 번 들끓게 한 장소다. 강간으로 임신한 열일곱
살 소녀인 마리 클레르의 낙태를 도왔다는 이유로 본인과 그의
모친, 낙태 수술비를 빌려준 모친의 동료, 낙태 수술을 집행한
의사가 전부 '국가에 반하는 죄'를 저지른 죄인이 되어 이 재판소에
섰다. 이 사건에서 마리 클레르의 어머니는 "나는 무죄다. 국가의
법이 유죄다"라는 유명한 말을 남기면서 차후 낙태죄 폐지의
단초가 될 사건의 중심에 섰다. 앞서 마리 클로드가 말한 것처럼
사람들은 이 사건을 마리 클레르 사건이라고, 혹은 재판 장소의
이름을 따서 보비니 소송이라고 불렀다. 우리가 보비니 재판소를
여행의 마지막 목적지로 삼은 것은 이곳에 '마리 클레르 복도'라
이름 붙여진 길이 남아 있다는 말 때문이었다.

가방 검사를 받고 카메라를 맡긴 뒤 어렵사리 건물 안으로
들어가, 민경이 접수원에게 문의했다.

"안녕하세요, 마리 클레르 복도가 어디 있나요?"

접수원은 질문을 알아듣지 못했고, 대체 무엇을 찾느냐며 계속
불친절하게 되물었다.

"이곳에서 낙태 재판이 있었거든요. 마리 클레르가 그 사건의
당사자 이름이고 그의 이름을 딴 복도가 있다고……."

어느새 민경은 재판소에서 일하는 접수원에게 그의 일터에

얽힌 역사를 설명하고 있었다. 그때 접수원 대신, 옆에서 안내를
기다리던 사람이 건물 바깥을 가리키며 말했다.

"저리로 가세요. 저거예요."

그가 가리킨 곳에, 법원 밖으로 뻗어 역까지 연결되는 파란
다리가 있었다. 그 커다란 다리의 이름이 마리 클레르였다. 다리
위를 걷는 중간 중간 안내판이 보였다. 안내판에는 이렇게 쓰여
있었다.

"마리 클레르는 낙태죄로 본 법정에 섰다. 지젤 알리미
변호사가 변호를 한 재판에서 마리 클레르는 무죄 판결을 받았다.
이 판결은 1975년 1월 17일 낙태 합법화 법안 제정에 결정적인
역할을 했다."

헤아릴 수 없이 많은 여성이 삶을 걸고 싸웠던 지난하고 격렬한
역사가 단 세 문장 안에 담겨 있었다.

맺는 글

시칠리아의 휴가에서는 에리체가 기억에 남는다. 성벽에 둘러싸인
작은 도시에서 햇볕에 뒹구는 아기고양이들을 보면서 돌길을
걸었다. 메두사 머리를 한 얼굴에 세 개의 다리가 달린 시칠리아의
상징물로 만든 기념품을 여기저기서 볼 수 있었다. 소금 맛이
나는 파스타와 각종 피자와 해산물을 먹고 매일 밤 젤라또를 사
먹고 술을 마시고 떠들다가 잠에 들었다. 펜트하우스 숙소에서
따스한 남유럽의 햇빛을 받으며 일어나 반짝이는 바다를 매일
볼 수 있었다. 하루는 길을 잃은 민경이 갑자기 없어져 두루가
찾으러 뛰어다니는 작은 소동도 있었지만 다행히 별일 없이 만났고,
하루에 한 번씩은 동양인인 우리에게 무례한 말을 하는 청소년들과
마주쳤지만 이틀째부터는 지지 않고 적당히 대꾸해주었다.

그렇게 시칠리아를 떠나, 프랑스에서 마지막 일정까지 마친 후
드디어 한국으로 향했다. 시칠리아에 머무는 동안 유니가 "독일에
들렀다 가겠다"고 또 즉흥 결정을 해서, 이번에도 돌아올 땐
셋이었다. 파리 북역에서 샤를 드골 공항으로 가는 길도 순탄치는
않았다. 공항 직행 전철을 탔는데 공항에 가는 철로가 공사를 해서
중간 지점까지만 간다는 거였다. 결국 다른 역에 내려서 셔틀버스를
타고 공항으로 향했는데 예상보다 시간이 두 배나 소요되는 바람에
공항에 내리자마자 한 달여의 여행이 꽉 담긴 무거운 캐리어를 끌고
거의 초능력을 발휘해 달려야 했다.

한 달은 아일랜드에서 혼자, 한 달은 다 같이, 도합 두 달만에
한국에 돌아가는 혜윤은 얼른 돌아가서 두부김치를 먹고 싶다고

했고, 두루는 비행기에서 이미 수차례 본 영화인 「라이프 오브 파이」를 보며 리처드 파커(호랑이)가 화면에 잡힐 때마다 흐뭇하게 웃었고, 민경은 짧은 환승 시간 동안 돌아가 가족들과 마실 좋은 샴페인을 샀다. 인천공항에 당도해 밖으로 나오니 생각 외로 따스한 공기가 피부에 닿았다. 가장 추울 때 떠나서 유럽에서 만난 이들에게 한국의 가혹한 겨울 추위와 살인적 여름 더위에 대해 불평을 했는데, 다녀오니 추위가 끝나 있었다.

　맺음말을 쓰는 지금은 6월 중순. 따뜻하다 못해 그 살인적 더위가 온 것 같다. 우리가 여행을 다녀온 뒤 몇 가지 변화가 있었다. 먼저 아일랜드에서는 5월 25일 국민투표 결과 66.4퍼센트라는 높은 지지를 받으며 수정헌법 제8조가 폐지되었다. 이제 아일랜드에서는 임신 12주차까지 낙태가 가능해진다. "우리는 이길 것"이라고 말했던 리타의 결연하고 다정한 얼굴이 곧바로 떠올랐다. 소식을 듣고 우리에게 시간을 내어준 아일랜드의 활동가들에게 축하의 메시지를 보냈다. 그들은 큰 산을 넘었고 이제 보다 실질적인 문제를 하나하나 차근차근 해결해나가야 한다. 그들은 구체적인 법 조항을 만드는 일에까지 계속해서 개입하고, 계속해서 변화를 만들 것이다.

　우리가 방문한 곳은 아니지만 아르헨티나에서도 변화가 있었다. 아일랜드 낙태 합법화에 영향을 받아 아르헨티나의 여성들은 5월 31일 초록색 손수건을 목에 두르고 "낙태 합법 #지금이바로그때(Aborto Legal #AhoraEsCuando)"라 쓰인

현수막을 들고 부에노스아이레스 국회 앞으로 나섰다. 그
시위로부터 보름 만에 아르헨티나 하원에서 임신 14주 이내의
선택적 낙태 허용 법안이 찬성 129표에 반대 125표로 가결되어
상원으로 넘어갔다. 아르헨티나와 마찬가지로 불법 인공 임신
중절 수술의 부작용으로 죽는 여성이 많은 브라질에서는 8월에
연방대법원 공청회를 앞두고 있다고 최근 밝혔다. 아르헨티나는
프란치스코 교황의 모국이며 브라질은 세계 최대의 가톨릭 국가다.
중남미의 멕시코, 칠레, 코스타리카와 서아프리카 시에라리온까지
지구 곳곳에 변화의 바람이 불지 않는 곳이 없다.

　한국도 여성의 재생산권에 있어 변화의 기로에 섰다.
헌법재판소에서 형법상 낙태죄 조항의 위헌 여부를 따지기 위해
6년 만에 공개변론을 재개한 것이다. 또한 2010년 이후 8년 만에
여성 1만 명을 대상으로 한국보건사회연구원의 인공임신 중절
실태조사가 이루어지고 있다. 검은 시위, 임신 중단 합법화 시위,
모두를 위한 낙태죄 폐지 공동행동 그리고 23만 명 이상이 서명한
국민청원까지, 변화를 촉구하는 여성들의 행동이 만들어낸 현재다.

　프랑스의 활동가들이 명쾌하게 "위선"이라 부른 그대로,
한국은 현실과 괴리된 낙태법을 갖고 있다. 의료계 통계에 따르면
매일 3000여 명이, 한국여성정책연구원 설문조사에 따르면 가임기
여성 5명 중 1명꼴로 임신 중단을 경험한다. 플로랑스의 말대로
법과 상관없이 "실로 많은 사람이 낙태를 하고 있다는 것"이
진실이다. 법은 그것을 막지 못하며, 단지 그것을 권리로 보장하지

않을 뿐이다.

　　그리고 지난 5월 24일에 헌법재판소에서 낙태죄 폐지에 관한 공개변론이 이루어졌다. 법무부는 여전히 여성의 자기결정권과 태아의 생명권을 대립되는 것으로 전제하고 낙태죄 폐지를 요구하는 여성을 "성교는 하되 그에 따른 결과인 임신 및 출산을 원하지 않는" 사람으로 속단하며 현행법이 "여성의 자기결정권을 과잉 제한하고 있지는 않다"는 입장을 보여주었다. "낙태 허용 시 낙태율 급증, 여성의 신체적·정신적 건강 훼손, 생명경시 풍조" 등의 사회적 병리 현상을 초래할 수 있다며, 낙태죄로 인해 여성의 건강권이 침해된다는 청구인의 주장은 논리적으로 납득할 수 없다는 것이 결론이었다. 제대로 된 실태조사 한 줄에도 근거하지 않은, 한 치도 진전이 없는 법무부의 이 소견에 대해 "박상기 법무부장관 경질을 요구한다"는 온라인 국민청원 게시 글이 올라왔고 1만 명 넘는 시민이 동의를 표했다.

　　여성가족부는 "현행 낙태죄는 사실상 사문화된 조항으로 낙태 건수를 줄이고 태아의 생명을 보호한다는 입법 목적을 달성하기 위한 방법으로서 기능을 하지 못하고 있"으며 "낙태죄의 처벌 대상이 '임부'와 '낙태하게 한 사람'에게 한정되고 임신 중절 과정에서 배우자 동의가 필수이기 때문에 남성에 의한 협박 또는 보복 수단으로 악용되고 있"음을 지적하는 의견서를 제출했다. 모자보건법 주무부처인 복지부는 헌재가 올해 1월 의견을 묻자 "의견이 없다"고 답했다. 낙태죄 논란을 지켜보면서 실태조사 등을 통해 현황을 정리하는 임무에 힘을 쏟겠다는 입장이다. 공방이 오가는 가운데 공개변론 중 낙태죄 유지를 주장하는 법무부에서 참고인으로 부른 이화여대 정현미 교수가 "출산과 낙태는 개인과 가족의 구체적이고 치열한 갈등 상황에 놓인 것이고 국가가 강요할 수 없다"고 소신을 밝혔다. 법무부 참고인이 청구인 측 진술을 한 것에 재판관이 놀라자 다시 정 교수가 "법무부 측 참고인으로 선정된 것에 본인도 놀랐다"고 답한 훈훈한 일화도 전해진다.

정당 가운데는 녹색당이 최초로 4월 5일에 낙태죄 위헌 취지 의견서를 헌재에 전달했다. 녹색당은 낙태죄로 인해 여성들의 삶과 존엄이 위협당하고 건강과 재생산 권리가 심각하게 침해되고 있음을 지적했다. 또한 여성들이 남편 혹은 파트너에게 낙태죄를 빌미로 위협과 협박을 당하는 현실과, 국가가 나서서 낙태죄와 모자보건법을 악용해 여성의 몸을 통제하고 출산의 도구로 취급해온 역사를 밝혔다. 녹색당은 6월 지방선거에도 해당 의제를 가져갔다. 헌재의 첫 공개변론 이후 6월 3일 임신 중단 합법화를 촉구하는 집회가 또 열렸다. 400여 명의 여성이 성적 자기결정권을 갖지 못한 것을 애도하는 의미로 이번에도 검은 옷을 입고 보신각 앞에서 "여성도 생명이다" "내 몸은 내 것이다" 같은 구호를 외쳤다. 이들은 날계란을 깨는 퍼포먼스를 하며 여성들이 스스로 선택할 수 있어야 함을 강조했고, 여성을 출산의 수단으로 취급하는 정부를 비판했다.

이에 대한 반발로 프로라이프 연합회는 낙태법 유지를

촉구하는 운동을 전개하고 있다. 그러나 임신 중단이 생명에 반하는 일이 아니고 임신 중단 반대가 생명을 위하는 일이 아니다. 임신 중단권은 여성의 시민권 문제이면서 원해서 태어난 아이에게 행복한 삶을 주기 위해 반드시 필요한 것이다. 폴란드의 우르술라가 말했듯 이는 존엄하고 고통 없는 삶의 문제다. 가톨릭의 모순은 짚고 넘어갈 만하다. 정말 배아를 생명으로 보고 소중히 여긴다면 배아의 수정에 참여한 남성에게는 왜 죄를 묻지 않는가? 남성은 왜 피임을 기피하는가? 남성을 위한 피임약은 왜 진작 상용되고 있지 않은가? 결국 질문은 이것이다. 왜 모든 단죄와 처벌이 여성을 향하는가. 자신의 몸에 대해 선택할 권리를 박탈당한 채라면 여성의 모든 선택에 대한 자유는 늘 위협받고 있는 것이다.

우리는 낙태가 법으로 보장되는, 롤 모델로 삼을 만한 나라라 여겼던 프랑스와 네덜란드에서 의외의 현실을 듣고, "지구상에 여성의 재생산권이 완전히 얻어진 곳은 없다"는 그들의 말을 확인했다. 오히려 이들은 여성의 권리가 완전히 얻어졌다는 오해와 무관심이 문제라고 말했다. 각 나라가 처한 법의 현실을 떠나, 여성들은 여전히 낙태에 대한 사회적 낙인이나 금기시에서 자유롭지 못했다. 낙태가 합법임에도 피임을 비롯한 기본적인 성교육이 이루어지지 않아 10대 낙태율이 높은 루마니아의 현실도 알게 되었다. 강남역을 빼놓고 지금의 한국 페미니즘 운동을 말할 수 없듯 폴란드의 검은 시위와 아일랜드의 사비타 이후에 여성들을 일시에 변화시킨 정동의 물결도 듣고 느낄 수 있었다. 폴란드의 현

집권당은 지금도 낙태 전면 금지로 나아가려 하고 치열한 공방이
계속되고 있지만, 각성한 여성들은 가만히 있지 않고 바르샤바
거리로 뛰쳐나와 "나의 몸, 나의 선택"이라고 외쳤다.

　　우리가 만난 다양한 나라의 활동가들은 종교적, 정치적,
개인적, 보건의료적 이유 등 저마다의 동력으로 여성의 재생산권을
위해 싸우고 있었다. 섣불리 떠난 여행이었지만 낯선 땅에서 만난
많은 이의 환대와 도움으로 우리는 무사히 우리의 '낙태 여행'을
마칠 수 있었다. 이 책은 우리의 여행기이도 하고, 우리가 유럽에서
만난 재생산권 활동가들의 에너지를 나누는 장이기도 하고,
한국에서 낙태죄 폐지를 이루고자 하는 정치운동이기도 하다.
우리가 가진 믿음은 처음부터 하나였다. 바로 여성의 삶은 여성이
선택할 수 있어야 한다는 것이다.

대한민국
Republic of Korea

수도	서울
낙태 허용	강간 및 근친상간에 의한 임신, 본인이나 배우자에게 우생학적, 유전학적, 전염성 질환이 있거나 임신 지속이 모체의 건강을 심각하게 위협하는 경우
낙태 처벌	낙태한 여성에게 1년 이하의 징역 또는 200만 원 이하의 벌금, 의료인에게 2년 이하의 징역
합법화 시기	✕
주 낙태 방법	수술
관련 활동 단체	성과재생산포럼, 비웨이브, 모두를 위한 낙태죄 폐지

1   대한민국은 형법에서 낙태를 금지하며, 모자보건법에서 몇 가지 예외 조항을 두고
    있다.

    형법 제269조(낙태)

    ① 부녀가 약물 기타 방법으로 낙태한 때에는 1년 이하의 징역 또는
    200만원 이하의 벌금에 처한다. 〈개정 1995.12.29.〉

    ② 부녀의 촉탁 또는 승낙을 받아 낙태하게 한 자도 제1항의 형과
    같다. 〈개정 1995.12.29.〉

    ③ 제2항의 죄를 범하여 부녀를 상해에 이르게 한 때에는 3년
    이하의 징역에 처한다. 사망에 이르게 한 때에는 7년 이하의 징역에
    처한다. 〈개정 1995.12.29.〉

    형법 제270조(의사 등의 낙태, 부동의낙태)

    ① 의사, 한의사, 조산사, 약제사 또는 약종상이 부녀의 촉탁 또는
    승낙을 받아 낙태하게 한 때에는 2년 이하의 징역에 처한다. 〈개정
    1995.12.29.〉

    ② 부녀의 촉탁 또는 승낙없이 낙태하게 한 자는 3년 이하의 징역에
    처한다.

    ③ 제1항 또는 제2항의 죄를 범하여 부녀를 상해에 이르게 한 때에는
    5년 이하의 징역에 처한다. 사망에 이르게 한 때에는 10년 이하의
    징역에 처한다. 〈개정 1995.12.29.〉

    ④ 전 3항의 경우에는 7년 이하의 자격정지를 병과한다.

    모자보건법 제14조(인공임신중절수술의 허용한계)

    ① 의사는 다음 각 호의 어느 하나에 해당되는 경우에만 본인과
    배우자(사실상의 혼인관계에 있는 사람을 포함한다. 이하 같다)의
    동의를 받아 인공임신중절수술을 할 수 있다.

    1. 본인이나 배우자가 대통령령으로 정하는
    우생학적(優生學的) 또는 유전학적 정신장애나 신체질환이

있는 경우

2. 본인이나 배우자가 대통령령으로 정하는 전염성 질환이
있는 경우

3. 강간 또는 준강간(準强姦)에 의하여 임신된 경우

4. 법률상 혼인할 수 없는 혈족 또는 인척 간에 임신된 경우

5. 임신의 지속이 보건의학적 이유로 모체의 건강을 심각하게
해치고 있거나 해칠 우려가 있는 경우

② 제1항의 경우에 배우자의 사망·실종·행방불명, 그 밖에 부득이한
사유로 동의를 받을 수 없으면 본인의 동의만으로 그 수술을 할 수
있다.

③ 제1항의 경우 본인이나 배우자가 심신장애로 의사표시를 할 수
없을 때에는 그 친권자나 후견인의 동의로, 친권자나 후견인이 없을
때에는 부양의무자의 동의로 각각 그 동의를 갈음할 수 있다.

[전문개정 2009.1.7.]

2 『중앙일보』,「의료계 "낙태수술 하루 3000건 추정…모자보건법은 구시대적"」,
2017.11.16.

3 임신 중단 수술로 '의료관계 행정처분 규칙'에 따라 행정처분을 받은 의사는
2013년부터 올해까지 27명이었다. 2013년 1건과 2014년 3건, 2015년 8건,
2016년 13건, 지난해 2건 등 27건에 대해 처분이 이뤄졌지만 올해는 단 한 건도
처분이 내려지지 않은 상태다(『뉴시스』,「있으나마나 '낙태죄'… 16만건 수술,
행정처분은 5년간 '27건'」, 2018.5.27).

4 2017년 9월 30일, 대한민국 청와대 홈페이지에 낙태죄 폐지와 자연유산 유도약
합법화를 요구하는 청원이 등록되었고 이에 23만2103명의 시민이 서명했다.

5 『의학신문』,「낙태죄 현실에 맞도록 법 개정 시급」, 2017.1.24.

6   전효숙·서홍관, 「해방 이후 우리나라 낙태의 실태와 과제」(『의사학』12권 2호), 2003.

7   다니엘라가 추천한 다큐멘터리 두 편을 소개한다.
「Born to Order - Children of the Decree」는 차우셰스쿠 집권 당시 산아 정책이 어떻게, 왜 이루어졌으며 이것을 어떤 방식으로 홍보했는지 그리고 사회와 국민 개인에게 어떤 영향을 미쳤는지 파헤친다. 개인들이 원치는 않지만 정부가 의도한 출산을 해야 했던 부모들과 그의 자녀들이 직접 자신들의 경험을 이야기한다. 당시에 산아를 장려하고 독재를 찬양하는 선전에 이용당한 아동이었던 사람들, 원치 않는 임신을 해서 아이를 어쩔 수 없이 낳았지만 자신도 그렇게 태어났다는 것을 알게 되었다는 사람, 낙태를 막기 위해서 만들어진 영화 이야기와 선동을 위한 방송에서 연기를 해야 했던 사람들 등 다양한 이야기가 나온다. 감당할 수 없는 출산으로 인해 생긴 수많은 버려진 아이들과 열악한 보호 시설의 환경도 볼 수 있다. 인권의 흔적조차 찾아볼 수 없는 시설의 모습은 제대로 눈을 뜨고 쳐다보기가 어려울 정도다.
「Let's Talk About Sex」는 다니엘라가 중심인물로 직접 출현하는 다큐멘터리다. 피임과 낙태 그리고 기본적인 성교육에 접근하기 어려운 젊은 여성들이 어떤 인식을 가지고 있는가를 보여준다. 다니엘라는 자신의 개를 데리고 시위에 나선 모습으로 영화에 등장한다. "경찰이 나를 끌어내려고 하면 '나는 개를 산책시키고 있었을 뿐인데요!'라고 말하려고 했죠"라며 다니엘라는 호탕하게 웃었다.